Zakelijk adverteren in het Nederlands

Door Arthur H Tafero

Inclusief lesplannen in het Nederlands

Forward

Ik ben een professor in de marketing, omdat ik geniet er enorm van genoten. Ik hou van kijken naar de creativiteit van mijn universitaire studenten ontwikkelen van waarnemers naar marketing maniakken proactief. Sommigen halen het en anderen niet; net als in het echte leven op Madison Avenue. Ik had het geluk om te falen bij de reclame op zeer jonge leeftijd (18) en zich terugtrekken in cost accounting op Wall Street. Ik was meer comfortabel met getallen. Ik wist alleen niet de creativiteit die nodig was om te gaan naar het volgende niveau van mijn reclamebureau. We scheidden bevriend en ik heb veel geleerd, terwijl ik er was.

In 1965, de reclame is nog steeds een bedrijf in zijn ontwikkelingsstadia. TV-reclame is nog steeds een mysterie voor de meeste reclamebureaus op Madison Avenue op het moment. Olgilvy en Mather leek heel goed in te zijn, maar veel andere agentschappen gestrand in die zaal. Er waren geen computers om eenvoudig onderzoek te doen dan. Alles moest gedaan worden met boeken, bibliotheken en uit te gaan naar onderzoeken te nemen. Onderzoek was een beetje meer fysiek veeleisend dan. Er waren geen mobiele telefoons om gegevens op te slaan. Je deed veel van het schrijven op gele blocnotes. Onderzoekers gebruikt om krampen in hun handen krijgen van het nemen zo veel noten.

Er was geen internet, geen Wikipedia, geen zoekmachines of zelfs een plek om gegevens op te slaan. Gegevensverwerking werd gehouden op keypunch kaarten en uitgeprint op volumineuze papier dat door en door ging met saaie zwart op witte cijfers en tekst. Je zou blind gaan of gaan slapen ze gewoon te lezen voor een uur. Elk bedrijf had bestanden; en dan bedoel ik een groot aantal bestanden. Papieren dossiers. Een plek als Metropolitan Life Insurance had verdiepingen van kantoren die niets anders dan papieren dossiers had. Hoe mensen daar kunnen werken en het behouden van hun gezonde verstand was mij een raadsel.

Yep, de reclame is nog steeds een exacte wetenschap (en nog steeds is wat dat betreft) in 1965 waren er onhandige tv-advertenties met dansen sigarettendoosjes van Chesterfield, verschrikkelijke radiospots met een aantal academische (zoals ikzelf) komen uit te leggen waarom je een moet kopen bepaald product dat je hersenen de capaciteit zou toenemen, glansloos krantenadvertenties dat er geen bijschriften onder hun foto's of koppen voor hun advertentie, en sommige echt verschrikkelijke billboards op weg naar Florida dat praktisch had had de helft van de Grondwet geschreven op hen terwijl je voorbij rijden op zestig mijl per uur en had ongeveer vijf seconden om het te lezen.

Reclame heeft een lange weg afgelegd sinds die tijd, maar het is belangrijk de basis van grote reclame, waarvan ik denk dat David Ogilvy in zijn klassieke tekst had gevangen, Bekentenissen van een reclameman, een van de boeken die ik gebruik om mijn universiteit te leren niet om te vergeten studenten op YUFE (Yunnan Universiteit van Financiën en

1

Economie), een van de toonaangevende Chinese universiteiten voor het bedrijfsleven in het hele land. En als je de laatste tijd niet hebben gemerkt, China en de economische savvy hebben alle andere landen in het BBP uitgewist in de afgelopen tien jaar. Om zeker te zijn, zijn er nog tekortkomingen in de Chinese economie (zoals er in alle economieën), maar Chinese studenten zijn geboren met de ondernemer gen (meer dan 5% van de bevolking heeft geprobeerd om een nieuw bedrijf te starten); dat is meer dan 65 miljoen bedrijven.

Het nadeel van dat nummer is dat 92% van deze bedrijven niet binnen drie jaar op basis van de zakelijke lening afdelingen van de Bank of China. Maar dat wil niet stoppen met de volgende golf van soldaten uit te gaan over de top direct in het mitrailleurvuur van de zakenwereld. Net als in de oorlog, niemand denkt dat ze het volgende te vallen in de lijn van het vuur zal zijn.

Drie belangrijkste redenen voor het falen van meer dan 90% van alle kleine bedrijven in China zijn de volgende; (1) een slechte reclame, (2) slecht technologische vaardigheden, zoals in het creëren en onderhouden van een website die een betrouwbare inkomstenstroom ontwikkelt, en (3) een duidelijk gebrek aan inzicht in het belang van het hebben van een niche, of zeer unieke aanpak. Deze en vele andere zaken en de beginselen van een goede reclame zal in de volgende lesplan schetst worden besproken. Ik hoop dat je profiteren van de inhoud.

Arthur H Tafero
Schrijver
Amazon.com
Professor of Marketing
Yunnan University School of Finance and Economics
Eigenaar
AskMrMovies.com

Inhoudsopgave

Zakelijk adverteren

Opzet van de cursus

Deze cursus schets voor Business Reclame zal omvatten, maar niet beperkt tot, de volgende:
Duidelijkheid van doelstelling, Gewenste Rollen of Advertising, Target Segmentatie,
Duidelijkheid van de Boodschap, Redenen om te kopen, geloofwaardigheid van de Value
Proposition, Gewenst Consumer Actie, Relativity van Target's Mindset, Keuze van Medium,
PPC (pay per click), SEO (search engine optimization) woord selectie, reclame-ontwerp,
reclame-elementen, en een onderzoek van de klassieke reclame suggesties van de meester

4

van de kunst, David Ogilvy. Inbegrepen zijn: Hoe een reclamebureau Beheer, Hoe om klanten te krijgen, Hoe Cliënten houden, How to Build Grote campagnes, Hoe schrijf Potent Kopieer en anderen. Ook opgenomen in de cursus zal bestaan uit vier lessen te concentreren op de problemen van de reclame en de verkoop in China.

Primair Onderwijs Tekst:

Bekentenissen van een reclameman - David Ogilvy

Instructeur: Arthur H Tafero, MA, Columbia University

Inleiding tot Lesson One

Dus je wilt zijn in de reclame. Je zag elke aflevering van Mad Men en het maakte je verlangen voor de kans om de volgende Donald Draper. Vergeet het maar; het is gewoon een tv-show en het is ten minste vijftig jaar achter de tijd. Het was voor mobiele telefoons, computers, internet, dvd's, Kabel-TV, CD's, en tal van andere technologische ontwikkelingen die bijna alles op de show overbodig maken. Bedrijven hadden geen websites. Inkomstenstromen en SEO problemen waren ondenkbaar.

Echter, als het gaat om het vastleggen van de menselijke element van de reclame, Mad Men vrij veel is in een klasse apart en uiterst nauwkeurig. Reclame execs zijn meedogenloos, hebzuchtig, ambitieus om een fout, geobsedeerd, gedreven en meer. Sommige hebben de ethiek, maar de meeste niet. Je zal moeten beslissen zelf hoe ethisch je zal zijn. Kan ethisch zijn en nog steeds scads geld te verdienen? David Ogilvy deed en dat is de reden waarom ik gebruik hem als een rolmodel. Zijn boek laat duidelijk zien dat de reclame-business is niet alle plezier en spelletjes. Waarom doen mensen dat? Want als je succesvol bent, zal je tien keer het geld van iemand die in een bureau of een onderwijsinstelling maakt.

Hier is een lesvoorbereiding overzicht dat enkele basisprincipes van reclame onderzoekt.

Les 1 - General Advertising Elements

1. Duidelijkheid van Doelstelling: Wat is de reden waarom u adverteert, wat is het dat je erop uit zijn om te bereiken - dit moet heel duidelijk zijn, want dit is de basis voor de oprichting van de reclamecampagne. SRS Waarde Bazaar misschien graag om zich te positioneren als de plek voor de beste producten en prijzen. Overwegende dat, kan Exxon willen de mensen gerust te stellen over de eco-vriendelijke benadering van hun bedrijf.

2 Gewenste rol van reclame: Wilt u een nieuw product of dienst te introduceren? Wilt u rijden de beeldtaal van uw merk? Heeft u het merk om een leidende rol te willen? Wilt u uw merk naar de consument gaan? Wilt u rijden proeven? Wilt u percepties te veranderen? Leg uw vinger op deze eerste, zodat u de rechter hendel kan duwen.

3 Doel Segmentatie: Wie zijn de mensen die u wilt op een gerichte manier van spreken - het loont om te bouwen in hun behoeften en ambities, drijfveren, houding, kijk in uw communicatie. Ik ben op zoek naar jongeren die op zoek zijn naar een nieuwe hippe kroeg, of heb ik het een jong gezin man die is een belangrijk doelwit voor mijn Insurance product?

4 Duidelijkheid van Message: duidelijkheid bevat ook heldere single-mindedness van uw propositie. Vergeet niet het is de gedrevenheid van de propositie, waarvan bouwdelen kan meer dan een zijn. Het grotere plaatje in messaging moet niet vijf verschillende dingen, maar in plaats daarvan over de krachtige ding dat is het resultaat van die vijf verschillende dingen.

5 Reden om te kopen: de reden waarom u denkt dat uw doel ingesteld zal uw merk te vinden met verschillende, relevante, spannende, oplossen van problemen, uitnodigend ...

6 Geloofwaardigheid van waarde-propositie. Cruciaal, als je niet wilt dat mensen de pagina omdraaien of zap het kanaal.

7 Gewenste actie consument: Wat is het dat u hem wenst te doen als gevolg van uw communicatie: vertrouwen na het gebruik van uw product, denken beter van u, uw winkel bezoeken, kopen online, vraag om een demo ...

8 relativiteitstheorie met de huidige mentaliteit van de doel ingesteld's. Als in het huidige scenario mensen willen het behoud van kapitaal eerst, dan zou dit niet het moment om een hoog risico venten zijn, high-terug small-cap beleggingsfondsen.

9 Keuze van Medium: TV, internet, kranten en tijdschriften, radio ... Hun attributen en consumptiegedrag van consumenten bepalen de vorm van reclame, soms van invloed is op zijn conceptuele fase. De bandbreedte die door de combinatie van audio, video, web en graphics kan spectaculair zijn.

10 Ruimte en nodig voor levendige overdrijving, metaforen, onverwachte behandeling, kaalheid. Niets gewoon opvalt te veel, je moet bouwen in een aantal hoogtepunten.

11 biedingen voor PPC (pay per click) campagnes

12 Begrotingen PPC compaigns
Zonder deze twee elementen concept van succes en grotere ROI kan nooit worden bereikt. Hoe vind je de beste bied-en budget voor uw PPC campagne vinden?
Sommige PPC management diensten die je uit zal helpen bij het beheren van uw campagnes
• Managing kosten
• Het onderzoeken naar de waarde van een klik
• Weten wanneer je moet stoppen met de uitgaven meer
• Running budgetten goed
• Bediening van het biedsysteem strategisch
Echter, tijdens het starten van uw campagnes twee vragen moeten worden goed vermaakt worden
een. Hoe kunnen we het genereren van hoogwaardige leads?
b. Hoe kunnen we grote hoeveelheden leads te genereren?
Behoud van het evenwicht tussen deze twee vragen zal de sleutel voor de bied-en budget voor een van uw PPC campagnes worden.

ICA en HW 1

Beantwoord de volgende essays

1 Hoe kun je hoge kwaliteit leads te genereren?
2 Hoe moeten we kiezen voor onze medium voor reclame?
3 Waarom is doelwit segmentatie belangrijk in de reclame?
4 Wat is de gewenste rol van de reclame?

Extra Internet Hulpmiddelen voor deze les:

Algemeen Resource

http://www.askmrmovies.com

Crazy People (1990) Grote Dudley Moore film over reclame

Professionele Advertising

shinyads.com/solutions/self-serve-pro/

Elementen van De reclame

www.adsavvy.org/5-elementen-van-een-grote-advertisement/

Inleiding tot Lesson Two

Dus je wilt om opgemerkt te worden voor uw nieuwe poster of website plaatsen. Reclame ontwerp en de elementen die een succesvol ontwerp te maken zijn belangrijk voor u om te beoordelen en te begrijpen voordat je zelfs beginnen te proberen om de wereld te bestormen met uw briljante reclamecampagne. Hier is een behoorlijk lange lesplan outline (is het misschien verstandig om het te breken in twee lessen zijn, eigenlijk), dat enkele van de basisprincipes onderzoekt voor vrijwel elk detail van uw voorgenomen advertentie. Moge de kracht met u.

Les 2 - Reclame Design

LET OP DIT AD!

13 Reclame Design: Aandacht is altijd eerste

Deze is eenvoudig. Als mensen niet uw advertentie ziet, uw kans op succes is precies nul. Uw reclame-ontwerp moet absoluut aandacht eerst.

Onderzoek wijst uit dat 85% van de advertenties niet krijgen keek, het maakt niet uit hoeveel ze kosten te produceren. Je moet gezien worden als je wilt actie. Stel je eens voor het verliezen van 85% van uw klanten, omdat uw advertentie niet te onderscheiden van de menigte. [Of denken over het verhogen van de respons op uw advertenties door zes keer voordat ze op te vallen].

14 Advertising Design: Imagery

Sterke beelden is de beste aandacht getter. Een foto is echt de moeite waard 1.000 woorden als het gaat om het krijgen van aandacht. Advertenties die grote visuals [60% -70% van de advertentie is de foto] kenmerken scoren het hoogst voor de stopkracht.

Maar je moet ervoor zorgen dat je de juiste soort aandacht. Een grote, mooie, full colour foto van een naakte model krijg je veel aandacht, maar niet het soort dat u wilt. Laat je niet een grote foto dicteren uw reclame-ontwerp. Het is van cruciaal belang voor uw beelden om uw bericht te passen. Uw foto's moeten de kopie, en samen moeten zij uw beoogde boodschap over te brengen.

Dit is waarschijnlijk de meest voorkomende fout in de reclame ontwerp. De foto's hebben niet veel te maken met het product of dienst hebben, of ze hebben niet de juiste boodschap over te brengen. Als de foto verkoopt lust of humor, en je veiligheid te verkopen, zal de mentale contrast alle, maar de meest vastberaden lezers verwarren. Mensen zullen je voorbij omdat de reden dat ze werden aangetrokken om uw advertentie [het beeld] niet overeenkomt met wat je verkoopt. Je hebt de verkeerde aandacht getrokken met uw reclame-ontwerp.

15. Reclame Design: Contrast

Als beeldspraak is de eerste manier om aandacht te krijgen met uw reclame-ontwerp, dan is het contrast is zeker de tweede manier. Uw advertentie moet contrasteren met de andere advertenties op de pagina. Dat is waarom het is van cruciaal belang voor ontwerpers om de werkelijke medium wordt u adverteert in te zien. Als uw advertentie past gewoon in met al het andere op de pagina, bent u uw geld verspillen. Als je grafisch ontwerper maakt het niet uit waar uw advertentie wordt weergegeven - ontslaan hem of haar.

Nog erger dan mengen in, kan uw klanten uw advertentie voor de advertentie van uw concurrent verwarren. U wilt dat uw reclame-ontwerp om uw bedrijf te geven een unieke uitstraling die contrasteert met de andere advertenties omheen.

16 Advertising Design: Be Different

Als beeldspraak is in de eerste, en het contrast is de tweede, dan is dat anders is, is de derde manier om aandacht te krijgen met uw reclame-ontwerp.

Mensen worden aangetrokken tot ongebruikelijke, nieuwe, grappige, verschillende dingen. U moet uw reclame-ontwerp te duwen zo ver mogelijk van uw conservatieve kant als je wilskracht zal u laten. Het is misschien moeilijk, maar niet om dat stemmetje luisteren in je hoofd je vertellen aan een rustig, kalm, conservatieve ad doen. Dit gaat over de resultaten. Een beetje gek met uw reclame-ontwerp.

Als je in Noord-Amerika woont, dan heb je de beste reclame in de wereld gezien. Amerikanen zijn onderworpen aan de hoogste kwaliteit reclame ooit gemaakt - elke dag. Oordelen over je eigen reclame-ontwerp door de absoluut brute concurrentie die je gezicht. Uw advertenties moeten komen op de top. Professionele Reclame is over het krijgen van de resultaten, en omdat het een beetje anders is zeker een deel van de formule.

17 Hoeveel klanten heb je echt nodig?

Deze vraag lijkt misschien vreemd uit, maar we zijn ernstig. Dit gaat over het maximaliseren van uw reclame dollar. Heb je echt nodig hebt om iedereen, of net genoeg mensen te bereiken om uw bedrijf te laten groeien elk jaar sterker?

Bij reclame-ontwerp bureaus, wordt vaak gezegd dat het beste werk eindigt op de vloer van de montagekamer. Bedrijven willen vaak hun advertenties te zijn aan de conservatieve kant. Niet te hard, niet te riskant. Luid, aandacht-krijgt advertenties worden gesneden. Maar er is een afweging gemaakt met deze beslissing.

18. Conservatieve advertenties niet de aandacht krijgen.

Ze zijn conservatief. Zij zullen, op de lange termijn, maken uw bedrijf kijken zeer professionele en traditionele. Maar de conservatieve strategie van reclame-ontwerp is ongeveer de duurste pad dat je kunt kiezen.

Heb je echt nodig om te worden gezien als conservatief? Zelfs IBM heeft nu dress-down vrijdag. Dell-computer maakt gebruik van een luid tiener woordvoerder. Merrill Lynch maakt gebruik van een stier in een porseleinkast. Misschien, [misschien], als je een bank, een ziekenhuis, een non-profit, of een begrafenis thuis, conservatieve reclame-ontwerp is de manier om te gaan. Maar conservatieve advertenties niet de aandacht krijgen.

En je moet de aandacht.

We zijn niet onderschrijven riskant reclame-ontwerp hier. Maar vraag jezelf af, hoeveel klanten heb ik nodig? Als mijn luid-happy-grappig-sexy-vreemd-bright-raar gevormde-paars en roze advertentie de aandacht van de helft van de mensen die er zijn, misschien is dat alles wat ik nodig. Als je een deel van de conservatieve mensen achterlaten met uw reclame-ontwerp, dat is OK.

Door het krijgen van aandacht met uw reclame-ontwerp, zult u uw reclame dollar te maximaliseren. Conservatieve reclame is erg, erg duur. Niet gek, en altijd uw doelgroep in het achterhoofd, maar strekken om aandacht te krijgen met uw reclame-ontwerp. S-T-R-E-T-C-H om aandacht te krijgen!

19 Advertising Design: Met behulp van foto's en illustraties

Deze is ook gemakkelijk. Betaalt voor de beste, meest geschikte foto of afbeelding beschikbaar. Koop het, het bezitten, houden, en gebruik het voor altijd. Misschien kost $ 100 of zelfs $ 300. Het is absoluut de moeite waard.

Er is een eindeloos aanbod van fantastische foto's voor u beschikbaar. Er is een perfecte foto die er zijn voor uw bedrijf. Databases hebben tientallen miljoenen super hoge kwaliteit foto's en illustraties. Vind de juiste is dat uw boodschap overbrengt, en je bent halverwege een zeer effectieve advertentie.

Als alternatief, als je een slechte foto te gebruiken, je hebt gewoon knippen de effectiviteit van uw reclame-ontwerp in de helft. Vergeet niet, bedrijven die bezuinigen op reclame-ontwerp productie verspillen een groot percentage van hun reclame budget. Betalen voor een hoge kwaliteit van de productie aan de voorkant, en gebruik het voor altijd. De productiekosten zijn triviaal in vergelijking met de kosten van de media. Geef uw geld niet verspillen door te beknibbelen op goede reclame ontwerp.

En natuurlijk is er een kwestie van kwaliteit foto reproductie in de media die u kiest. Elke krant is gedrukt op een ander type pers. Elke pers is verschillend, en elke printer verschillend. Het is uw ontwerper baan om te weten hoe je de beste kwaliteit foto weergave van de specifieke druk die wordt gebruikt te krijgen. Je wilt niet dat uw foto's te kijken als modder in de krant.

20 Advertising Design: De psychologie van kleur in Advertising

Inzicht in hoe uw klanten interpreteren kleur in je reclame kan zeer belangrijk zijn. Eerst worden verschillende culturen interpreteren kleuren op verschillende manieren. Geel staat voor jaloezie in Frankrijk, verdriet in Griekenland, geluk in de Verenigde Staten, en is heilig in China. De moraal, natuurlijk, is de hoogte van uw doelgroep.

Rood is voor opwinding in de reclame ontwerp. Het wordt vaak gebruikt voor auto-en reclame voor voedingsmiddelen. Rood is passie en seks, gevaar, snelheid en kracht.

Geel is een grote aandachtstrekker in reclame-ontwerp. Het is zon, warmte en geluk. Het is de eerste kleur van uw ogen processen.

Blauw staat voor betrouwbaarheid, vertrouwen, veiligheid en technologie. Dit is de reden waarom bedrijven maken vaak gebruik van blauw, groen, wintertaling, of grijs in hun reclame. Blauw is ook de koelte en verbondenheid.

Zwart staat voor verfijning en kracht. Het is elegant en verleidelijk. Voor het juiste product, de zwarte is een geweldige kleur.

Green is een koele, frisse kleur. Het is de natuur en de lente.

Paars is royalty. Het is waardig en verfijnd.

Roze is zacht en vrouwelijk. Het is veiligheid en zoetheid.

White (wit) is voor de netheid en zuiverheid in de reclame ontwerp. Het is jeugdig. Maar dat betekent niet dat het is voor jonge mensen. Jongeren [tiener en tussen] liever meer trendy kleuren, zoals paars en blauwgroen.

Er is ook de witte ruimte om te overwegen in de reclame ontwerp. Zonder witte ruimte, kunt u de tekst niet lezen. Foto's verliezen hun invloed, en de ad verliest zijn evenwicht. Witte ruimte kan het belangrijkste onderdeel van uw reclame-ontwerp zijn.

Goud is duur en hoge klasse.

Orange is speels. Het is herfst bladeren, warmte en levendigheid.

Silver is prestigieus. Het vertegenwoordigt koude en wetenschap.

Vergeet niet dat elk seizoen heeft zijn eigen kleuren en mode veranderingen [om de paar minuten]. Als je probeert trendy met uw reclame-ontwerp te zijn, dan moet je bij te houden met de trends.

Is dit allemaal belangrijk? Alles in reclame-ontwerp is belangrijk.

Wanneer de kleur correct is gebruikt, het voegt impact en helderheid aan uw bericht. Wanneer de kleur niet goed wordt gebruikt, kan het uw bericht beschadigen en verwarren uw doelgroep. Kleur kan de aandacht trekken, leiden het oog, en leg extra accenten. Het kan worden gebruikt om voortzetting en verwantschap vertonen, of kan differentiëren. Kleur genereert zeker emoties en associaties. Kleur heeft betekenis voor mensen, en je moet ervoor zorgen dat uw kleuren zeggen de juiste dingen aan uw klanten. Laat geen slechte reclame ontwerp vernietigen uw marketing campagne.

Hier volgt een kort voorbeeld. In de financiële wereld, de kleur rood betekent verlies. In de techniek, het betekent warm of gevaar. Op medisch gebied, betekent gevaar of nood of gezondheid. U wilt ervoor zorgen dat je niet de verkeerde boodschap te sturen met behulp van de verkeerde kleur. Een hoge kwaliteit grafisch ontwerper zal het verschil te kennen.

Reclame Design: De elementen van het ontwerp

De elementen van de reclame-ontwerp zijn de componenten van een advertentie die de grafisch ontwerper plannen. De volgende lijst zal u helpen om beter te begrijpen wat je grafisch kunstenaar is het over.

Kleur - Kleuren worden beschouwd in termen van intensiteit en helderheid. Zoals hierboven te zien, hoe de kleur wordt gebruikt in de reclame-ontwerp kan een grote impact hebben op hoe het wordt geïnterpreteerd door uw klanten.

Waarde - Waarde beschrijft hoe licht of donker van kleur.

Line - Een lijn is precies wat je denkt dat het is - een doorlopende markering die twee punten.

Vorm - Vormen zijn tweedimensionaal, of appartement. Een vorm is in hoogte en breedte alleen in de reclame ontwerp.

Vorm - Formulieren zijn driedimensionale - hoogte, breedte en diepte. U krijgt volume en massa met vorm.

Texture - Structuur beschrijft het oppervlak van een voorwerp. De kunstenaar maakt het object naar een idee van hoe het zou voelen om de aanraking te geven.

Space - In reclame-ontwerp, ruimte beschrijft de afstand tussen en rond objecten.

Balans - Balans beschrijft de gelijkheid van objecten in uw advertentie. Met symmetrische balans, beide kanten van uw advertentie zijn hetzelfde. Met asymmetrisch saldo, elke zijde is anders, maar gelijk. Radiale balans betekent dat de advertentie wordt gecompenseerd rond een centraal punt.

Contrast - Contrast beschrijft de mate van verschil tussen objecten. Het krijgt de aandacht en voegt opwinding.

Nadruk - Nadruk en contrast zijn echt hetzelfde in reclame-ontwerp. De kunstenaar creëert een focale of nadruk punt in uw advertentie door waardoor het contrast met de andere delen van de advertentie.

Verhouding - Aandeel beschrijft hoe de afzonderlijke elementen van uw advertentie tot elkaar verhouden en het hele stuk.

Patroon - Een patroon is precies wat je denkt dat het is - iets herhaald over en weer.

Ritme - Ritme geeft uw reclame-ontwerp het gevoel van beweging of actie. De kunstenaar plaatst objecten of creëert patronen zodat het oog een pad volgt. Het pad volgt het oog in de reclame is erg belangrijk, want je wilt de lezer te eindigen op uw oproep tot actie [zoals bij uw telefoonnummer]. Als de lezer oog stopt op de verkeerde plaats in de advertentie, kan uw oproep tot onmiddelijke actie gezien worden te snel, of helemaal niet.

Unity - Unity beschrijft hoe de reclametekst werkt samen als een complete eenheid.

Variety - Variety beschrijft de complexiteit van het werk. In reclame name direct mail, een grote hoeveelheid variatie houdt de lezer bezig en betrokken bij het stuk. Hoe langer de lezer is ingeschakeld, hoe beter de kansen van uw boodschap zijn. Dat is de reden waarom sommige advertenties zijn nogal druk - ze de lezer betrokken te houden.

ICA en HW 2

Beantwoord de volgende open vragen

1 Waarom is het krijgen van uw advertentie zag belangrijk in de reclame?
2 Waarom zijn kleuren belangrijk in de reclame?
3 Waarom is reclame ontwerp belangrijk in de reclame?
4 Waarom is spacing belangrijk in de reclame?

Extra Internet Hulpmiddelen voor deze les:

Algemeen Resource

http://www.askmrmovies.com
A Star is Born (1954) Deze Janet Gaynor film is een klassieker over hoe zich te "ontdekken"

Reclame Design
www.wisegeek.com/what-is-reclame-design.htm

Kleur in Advertising

library.thinkquest.org
 Intro met les Drie

   Nu komen we in de grillige wereld van David Ogilvy en zijn zeer persoonlijke kijk op de klassieke reclame. De heer Ogilvy onderzoekt het doel van reclame, de elementen van de reclame, en het doel van deze elementen. Zolang Les 2 was, deze les is extreem kort en kan worden geplakt op het tweede deel van de les 2 Echter, alleen omdat Ogilvy kort is, betekent niet dat hij niet diep in zijn scherpzinnigheid. Probeer elk van zijn korte instructies uw volle aandacht te geven; je zal beloond worden als je dat doet.

Les 3 - Het doel van reclame

Reclame Elementnaam Doel
1 Headline krijgt aandacht
2 Promises voordelen Bouwt rente
3 foto's van het resultaat van voordelen bouwt belang
4 Geeft bewijs Bouwt verlangen
5 onderscheidt Bouwt verlangen
6 Maakt een aanbod Bouwt verlangen
7 dringt aan op actie Veroorzaakt actie

Voorbeeld van een one page web reclame met al deze elementen goed gedaan:

http://bellagenix.com

1 Headline - Look 10 jaar jonger! - Haalt de aandacht van vrijwel elke vrouw meer dan 30
2 Promises Voordelen - Haalt en verstevigt de huid, vermindert rimpels, verbetert de huid Duidelijkheid! - Bouwt interesse in bijna elke vrouw over 30
3 foto's van het resultaat van Voordelen - voor en na foto met dramatische resultaten - Bouwt interesse in bijna elke vrouw over 30
4 Toont Proof - Dokter aanbeveling Testimonials - Maakt Desire in bijna elke vrouw meer dan 30
5 onderscheidt - Bespreekt Dure Botox behandelingen als Dure Alternative - Maakt Meer Desire in bijna elke vrouw meer dan 30
6 Maakt een bod - Yes! Stuur Mijn Fles Vandaag! Klik op de knop! - Tegen die tijd Desire is op een kookpunt en bijna elke vrouw over 30 kan niet wachten om op de knop drukt.
7 Oproep tot actie -Vulling Uit de Orde Coupon - eerste ontmoeting met forse prijs voor 30 dagen voorraad (iets meer dan een dollar per dag). Sommigen verlangen verloren hier vanwege steile prijs, maar een groot aantal van de vrouwen boven 30 zal dit product, ongeacht de prijs te bestellen. - Veroorzaakt om verder te gaan en Credit Card worden gefactureerd.

Nog eens $ 35 voor bellagenix. Ze deden het goed. Zij zullen een hoop geld te verdienen. Wordt uw advertentie zo goed zijn als deze? Deze advertentie is een mooi model om te kopiëren voor tal van producten. Maar niet de werkelijke foto's of tekst te kopiëren; kopieer gewoon de elementen van reclame in de AD!

Populaire Bromiden van Ogilvy:

1 Als mensen niet naar hun zin hebben, ze zijn over het algemeen geen goede werk
2 Mensen zijn productiever als ze indrinken een beetje alcohol
3 Pay mensen pinda's en krijg je apen
4 99% van alle reclame niet iets te verkopen aan iemand
5 Heeft een hond niet houden en blaffen zelf
6 Hire mensen die beter zijn dan jij
7 U kunt geen zielen te redden in een lege kerk
8 Niet bunt; proberen om er een hit uit het park
9 Coupons moeten zijn aan de onderkant rechts van een pagina (Dit heeft bewezen onjuist te zijn) - Harvard Business School en Wharton School of Business aan de Penn suggereren midden boven) boven de advertentie bijvoorbeeld heeft zijn advertentie boven rechts, dus kunnen we een zien volledig beeld van een vrouw met mooie huid. Om de coupon in het midden boven zou interfereren met die uitstekende foto's te hebben. Dus, gebruik rechts bovenaan of midden boven op basis van de grootte van uw foto.
10 Mondeling, worden de beste resultaten bereikt bij ongeveer 200 woorden per minuut. (Dit is ook weerlegd door dezelfde twee MBA-programma's hierboven. 100 woorden per minuut lijkt een optimale basis van hun onderzoek te zijn.)

ICA en HW 3

Beantwoord de volgende essays

1 Bespreek de diverse reclame-elementen en de toepassing van die elementen
2 Wat betekent Ogilvy bedoel te zeggen dat je niet kan zielen te redden in een lege kerk?
3 Wat betekent Ogilvy bedoel te zeggen heb een hond niet te houden en jezelf te blaffen?
4 Wat betekent Ogilvy bedoel te zeggen mensen pay peanuts en je zult apen krijgen?
5 Wat betekent Ogilvy bedoel te zeggen wanneer mensen niet voor de lol, ze zijn over het algemeen niet het produceren van goed werk?

Extra Internet Hulpmiddelen voor deze les:

Algemeen Resource
http://www.askmrmovies.com

Scientology (2012) - Dit enge John Philip Seymour tour-de-force prestaties is de moeite waard om te kijken om te zien hoe de media kunnen worden gemanipuleerd.

Wag the Dog (1997) - Nog een goede film op media-manipulatie met Hoffman en DeNiro.

Toepassing van Advertising

advertising.blurtit.com/q863338.html

Masters of Advertising

www.mastersinadvertising.org/7-mythes-en-feiten-over-een-auto

Intro met les Vier

Als manager van een van de meest succesvolle reclamebureaus in de geschiedenis van Madison Avenue, Ogilvy is meer dan gekwalificeerd om de suggesties op de volgende lesplan overzicht over hoe u uw kantoor te beheren. U hoeft niet te volgen elke suggestie, maar je zal zeker winst door het volgen van de meerderheid van deze beproefde principes.

Les 4 - Hoe te beheren een reclamebureau

Bromiden door Ogilvy:

1 Creëer een prettige sfeer voor mensen om te werken in. Elimineer zoveel bureaucratie mogelijk en proberen om het netwerk te strak te houden.
2 Behandel ondergeschikten als mens; hen helpen wanneer ze in elk type van problemen op of buiten de baan.
3 Ontwikkel de talenten van iedere werknemer in uw organisatie tot het maximum. Zorgen voor mislukking en groei.
4 Probeer om top-down beheer te voorkomen. Beslissingen groep zijn bijna altijd beter dan een persoon eenzame perspectief.
5 Hebben zachte manieren en een zekere mate van beleefdheid. Probeer niet luid, opschepperig of onaangenaam te zijn.

6 Wees zo eerlijk mogelijk met klanten en met collega's.
7 Werk hard, objectief en grondig.
8 Vermijd kantoor politiek, toadism, pesten, pompeus gedrag en meedogenloosheid
9 Karakter telt voor promotie.
10 Bij het aanbevelen van een sales campagne om een klant, doen alsof het je eigen bedrijf
11 Wees creatief. Probeer niet om andere succesvolle advertentiecampagnes te kopiëren. Deze campagnes werden succesvol omdat ze geen andere advertentiecampagnes heeft gekopieerd.
12 Laat uw klant het recht om niet met je eens over hoe het geld besteed moet worden
13 Company of bedrijfscultuur gedrag moet hetzelfde in elk land zijn
14 Wees je bewust van de zeden van het land waar u verkoopt
15 Wees discreet met advertentiecampagnes en volledige krediet aan het bedrijf te geven; niet de advertentiecampagne

16 Vermijd academische jargon zoveel mogelijk; dingen in eenvoudige taal
17 Heeft de intelligentie van de consument niet beledigen
18 Leer Direct Response Advertising voordat verdiepen in andere gebieden van de reclame
19 Scherpe prijzen als een ad aansporing moet altijd een laatste redmiddel
20. Koester de Brand en vergeet snelle oplossingen

ICA en HW 4

Beantwoord de volgende essays:

1 Wat betekent Olgivy te zeggen hebben over merken?
2 Hoe belangrijk is de kunst van het leren van Direct Response Advertising
3 Waarom is creativiteit zo belangrijk in de reclame?
4 Waarom zou u uw klant te behandelen als ware het je eigen bedrijf?
5 Waarom is eerlijkheid het beste beleid, zowel op kantoor als bij klanten?

Extra Internet Hulpmiddelen voor deze les:

Algemeen Resource

http://www.askmrmovies.com

The Hucksters (1947) Gable film hits ter plaatse over eerlijkheid in advertenties

Branding
marketing.about.com

Creativiteit in de reclame
muse.jhu.edu/journals/asr/v008/8.4unit15.html

Inleiding tot Lesson Five

Ogilvy had een bijzondere waardering van de kunst van het Direct Mail. Hij geloofde vast dat de advertentie mensen in Direct Mail waren de beste schrijvers in de business van reclame en zijn tal van succesvolle campagnes gebruik te maken van de basisprincipes van een goede Direct Mail copywriting bewees zijn punt over en weer. Negeer deze goudklompjes van wijsheid voorgesteld door Blair Entenmann op eigen risico. U kunt eenvoudig converteren van deze principes van direct mail naar e-mail ook.

Les 5 - Hoe klanten te krijgen - Direct Mail

De Principes van Gerichte Direct Mail Advertising
Door Blair Entenmann, President van Marketing Help!

Reclame werkt. Het zorgt niet alleen voor een betere, meer productieve verkopen milieu, maar goed uitgevoerd, kan vragen en verkoop te genereren! Als u uw ideale klant kunnen identificeren, moet u gerichte direct mail gebruiken. Bij besteding zuurverdiende dollars op direct mail, je wilt dat het wordt opgemerkt, niet vergeten. De doelstelling voor direct mail is Open Me, Read Me, Call Me Vandaag! De volgende principes kunnen uw direct mail productiever en leveren een uitzonderlijke resultaten!

1 Mail naar de juiste Prospect met frequentie. Tweederde van het succes van direct mail is in de mailing list - hoe beter de lijst, hoe beter de resultaten. Investeer tijd en geld in het vinden van of het bouwen van een mailing lijst van prospects die geïnteresseerd zou zijn in uw product of dienst. Overweeg een twee-of driedelige direct mail campagne. Timing kan een kritische succesfactor te zijn - vandaag zijn ze niet geïnteresseerd zijn, maar volgende maand ze zou kunnen zijn. Herhaling zal een betere respons te genereren. Een algemene regel is dat het duurt 6-9 reclame of sales contacten voordat een verdachte koopt.
2 zorg dat hij opvalt. Wat aandacht krijgt, leuke en creatieve apparaat kunt u gebruiken dat heeft enkele koppeling met uw product of dienst? Zijn verschillend in grootte, vorm en kleur dan mailings concurrent, zoals een grote vierkante envelop, een helder gele envelop, of driehoekig mailing buis. Gebruik ansichtkaarten, wenskaarten, of zelfs frisbees om uw boodschap over te

brengen. Wat aandacht krijgt woorden het beste werken voor uw prospects? Woorden als gratis, New, Nu, Doorbraak, ten slotte, en Bellen zijn krachtige, magische woorden die een positieve reactie kan oproepen. Een goed creatief concept, zal gecombineerd opvallende graphics en een kopie van uw direct mail merkbaar.

3 Maak het interessant. Een aanbod zo goed dat uw klanten kunnen gewoon niet weigeren. Erachter te komen wat ze willen en bieden het aan hen. Gebruik-baten-georiënteerde beloften klant voor koppen als "Voorkom diefstal van uw waardevolle spullen" of "Verminder uw garantie kosten met kwaliteit componenten!" Schrijf verkopen exemplaar over wat theprospect wil weten in duidelijke, beknopte zinnen. Een krachtige sollicitatiebrief toe te voegen aan een grote brochure kan uw respons te verhogen. Een brief kunt u laten zien en aan te passen een belangrijke promotie of krijgen het vooruitzicht betrokken bij uw product of dienst. Gepersonaliseerde laser letters (Dear Blair) zijn effectiever dan standaardbrieven (Dear Sportsman). Gebruik koppen in de brief aan het voordeel van de volgende paragraaf vatten. Kun je een reclame specialiteit die de nieuwsgierigheid van de prospect zou kunnen vergroten zijn onder andere?

4 TEST, TEST, TEST. Lopen twee verschillende campagnes of promoties op hetzelfde moment (dus A / B-test) om te zien welke beter presteert. Dan start de winnaar met de andere helft van uw prospect lijst tegen de volgende grote idee. Overwerk zult u uw resultaten te verbeteren op basis van wat uw prospects / nieuwe klanten willen.

5 maken het gemakkelijk om NU reageren. Vraag naar de reactie die u wenst en hen te helpen doen. Uw direct mail is uw verkoper en het moet vragen voor de bestelling! In de verkoop brieven, gebruik dan een P.S. om een sterke oproep tot actie te maken. Gebruik een antwoordkaart, 800-, faxnummer, of web site die een een stap proces biedt. Geef een stimulans voor de gewenste respons (dwz geschenk of speciale aandacht als je nu actie ondernemen). Uw reactie tarief zal hoger zijn als u klanten op verschillende manieren te reageren.

6 Volg uw resultaten. Maak een tracking systeem zodat je wat werkt en wat niet kan bepalen. Analyseer uw resultaten op een Cost Per Inquiry, Cost Per voorstel / Schatting / Benoeming en Cost per Sale basis. Soms is een lage respons actie heeft torenhoog verkoop conversie, waardoor het een meer winstgevende verkoop dan een hoge respons, lage verkoop conversie actie.

ICA en HW 5

Beantwoord de volgende essays

1 Waarom een mailinglijst maken?
2 Waarom zou u zorgvuldig uw sales resultaten volgen elke keer dat u een nieuwe advertentie uitvoeren?
3 Waarom zou je voortdurend te testen uw advertentiecampagne?
4 Wat zijn de voordelen en nadelen van direct mail?

Extra Internet Hulpmiddelen voor deze les:

Algemeen Resource

http://www.askmrmovies.com

Gebruik de onderstaande link over hoe effectieve e-mailcampagnes te geven

http://unbounce.com/email-marketing/the-6-punts-guide-to-an-onweerstaanbare-email-teaser-campaign/

Direct Mail Advertising

www.alladvertisingagencies.com

Direct Mail Response

www.dmnews.com

Intro met les Seven

Ogilvy wist dat er meer dan een manier om eieren te koken en hebben mensen genieten van elk gerecht; ongeacht hoe je ze gekookt. Het ging om goed te bereiden. Ogilvy, was natuurlijk een Chefkok voordat hij een ad man op Madison Avenue, dus hij wist dat een klein beetje over het voorbereiden van gerechten of advertentiecampagnes op verschillende manieren. Deze lesvoorbereiding overzicht gaat in op enkele van zijn recepten voor succes.

Les 6 - Methoden van Opdrachtgever Recruitment

A. Direct Mail, zoals uitgelegd in de vorige les
B. Bij de onderhandelingen met de klanten direct, benadrukken de kwaliteit boven kwantiteit. Beter om een goede copywriter hebben op een rekening dan zes middelmatige.
C. Onderschat nooit de kracht van de creativiteit van zowel een client oogpunt of vanuit het standpunt van het agentschap.
D. Creatieve energie is een andere belangrijke variabele in de advertentie-proces. Alleen maar het hebben van een goed idee niet de klus te klaren, tenzij je creatieve energie te zien van het idee tot bloei.
E. Een eenvoudige propositie als "als onze campagne niet uw omzet te verhogen, dan zal je niet worden aangerekend" gaat een lange weg naar het werven van nieuwe klanten voor je basis.
F. Laat potentiële klanten dat u het volgende kunt doen zonder moeite: definiëren van

problemen en kansen voor de opdrachtgever, het opzetten van korte en lange termijn doelen voor de cliënt met meetbare resultaten (meestal verkoop), in staat zijn om grote groepen van leidinggevenden te leiden, maken heldere presentaties voor commissies, en in staat zijn om te werken binnen de kaders van de begroting van een klant.

G. Er zijn momenteel meer dan 10.000 reclamebureaus; hoe ga je jezelf te onderscheiden van de anderen?

H. Contacten leggen en vrienden met persbureaus, tv-zenders, radiostations en alle media die je maar kunt bedenken. Neem ze uit om te lunchen en ze laten weten over uw kantoor en de diensten die zij aanbiedt.

I. Als je meer geld te verdienen, wordt gesuggereerd dat je begint om je klanten te upgraden. Uw klanten zullen schril bewust van de status van uw andere klanten. De onderste 3000 agentschappen zal iedereen als klant te nemen, zal het volgende niveau van agentschappen minimale normen voor klanten, zal de laatste 3000 agentschappen alleen omgaan met de bovenkant van de cliënten, en de top 1.000 agentschappen (en hopelijk, uw kantoor) zal behandelen alleen de bedrijven die het meeste geld te verdienen.

J. Gratis presentaties staan bekend als speculatieve presentaties in de reclame-industrie. Maar naast een speculatieve presentatie, moet men bieden de "verkoop zal stijgen of zal er geen kosten voor de reclamecampagne". De kansen van de verkoop van een cliënt gaat in het kader van een campagne voor drie maanden bedraagt ongeveer 81%, dus dat bijna alles wat je doet zal resulteren in een winst voor de klant. Echter, als er een aanzienlijke stijging in de verkoop, kan het een resultaat van uw creatieve reclame campagne.

K. Er moet een echte chemie tussen de cliënt en het agentschap of de campagne zal meer moeite dan de meeste andere campagnes hebben.

L. uitgebreid onderzoek absoluut noodzakelijk voor het succes van een reclamecampagne. ELKE agent moet KUNNEN HET GEDAAN VOOR ONTMOETING MET een potentiële klant RESEACH CITE BE.

ICA en HW 6

Beantwoord de volgende essays:

1 Waarom is kwaliteit belangrijker dan kwantiteit in de reclame?
2 Waarom is creativiteit een belangrijke factor in de reclame?
3 Waarom moet je proberen om een niche voor uw kantoor te creëren?
4 Waarom zou u geven soms gratis of speculatieve presentaties aan potentiële klanten?
5 Waarom is het onderzoek een van de meest essentiële onderdelen van uw presentatie?

Extra Internet Hulpmiddelen voor deze les:

Algemeen Resource

http://www.askmrmovies.com

check deze bron voor presentaties
http://www.cinemacon.com/

Het Belang van Research in Advertising

http://en.wikipedia.org/wiki/Advertising_research

Hoe te zorgen voor een uitstekende presentaties

http://www.forbes.com/fdc/welcome_mjx.shtml
Intro met les Seven

We verlaten de optimistische wereld van Ogilvy voor een les om onze voeten te planten in de realiteit van de entry-level banen in de reclame-industrie. Succesvol zijn in een entry-level baan bij een goed reclamebureau is verwant aan het oversteken van Fifth Avenue vijftig keer in de spits, zonder dat een close call met een voertuig. Natuurlijk, als u zich buiten New York, zijn de dingen een stuk makkelijker. En als je in China, is de kans groot dat u over de enige in uw kantoor, of zelfs in uw hele bedrijf die iets over professionele reclame kent.

Les 7 - de harde realiteit van Entry-Level Jobs in Advertising

A. Er is maar een reden voor een bedrijf in de wereld om u te huren voor iets; dat zou zijn om meer geld te verdienen voor het bedrijf.
B. In het algemeen, de meeste bedrijven zien de verkoop als een barometer van uw succes; hoe meer omzet u verantwoordelijk voor bent, hoe meer geld je zal maken op elk niveau in de arbeidsmarkt.
C. Net als 90% van alle bedrijven niet binnen drie jaar, 90% + van alle entry-level werknemers falen in hun werk binnen drie jaar. Just do the math. Als 90% van alle bedrijven mislukken, dan is 90% van alle verkopen "professionals" worden ook niet.
D. Een entry-level werknemer in de verkoop kan, soms, zijn een onmiddellijk succes. Er is geen tijdschema voor het succes in de verkoop; gewoon een hogere omzet.

E. U kunt de hardste werker in het kantoor die in 100 uur per week zet te zijn, is een fijne, eerlijke familie man, eerlijk, oprecht en loyaal en als uw verkoop nummers zijn niet in een zeer korte tijd (meestal drie maanden) , u zal worden ingeblikt.

F. U kunt de meest luie werknemer in het kantoor die altijd te laat komen, trekt veel zieke dagen, dwazen rond met elke vrouw in het kantoor, zijn oneerlijk, onoprecht, ontrouw, een leugenaar, dief en perverse man, spelletjes spelen op je computer de hele dag en vroeg te vertrekken werk en nog steeds een grote loonsverhoging en promotie als uw omzet cijfers zijn up. Zorg ervoor om te vergelijken E en F de volgende keer dat iemand spreekt de dwaze uitdrukking ", maar dat is niet eerlijk!"

G. Een goede advertentie is geen garantie voor een hogere omzet, maar het geeft je een betere kans om te slagen op het verkrijgen van meer omzet. Net als de meeste andere dingen in het leven, er zijn geen garanties in een zakelijke carrière. In het algemeen, een advertentie of promo is alleen goed als het verhoogt de omzet.

H. Het verkrijgen van de baan is vooral afhankelijk van het overtuigen van de Human Resources klerk dat je bent een teamspeler en wil om jezelf te bewijzen een aanwinst voor het team om de verkoop van de onderneming te verhogen. Benadrukken uw onafhankelijkheid, nieuwe manieren van denken, individuele prestaties en kwaliteiten, en de wens om een eigen bedrijf op een dag hebt, zal alleen zorgen dat je de baan niet krijgt. Het verbergen van al deze verlangens en sublimeren ze aan de behoeften van een teamspeler voor het bedrijf zal veel verder gaan om uw kansen om aangenomen te worden.

ICA en HW 7

Beantwoord de volgende essays

1 Hoe zijn mensen vergelijkbaar met de meeste bedrijven?
2 Hoe zijn entry-level sales mensen beoordeeld op hun werkgever?
3 Hoe lang duurt het meestal voor een nieuwe verkoper om succesvol te zijn in hun nieuwe baan?
4 Hoe belangrijk is een goede advertentie naar uw verkoop-campagne? En hoe wordt een goede advertentie gemeten?
5 Waarom is het belangrijk om te laten zien hoeveel van een teamspeler je bent in je eerste gesprek dan een onafhankelijke denker of een persoon met een grote individuele prestaties?

Extra Internet Hulpmiddelen voor deze les:

Algemeen Resource

http://www.askmrmovies.com

Commercial Man (2001)

Entry-Level Adverteren Banen

http://advertising.about.com/od/careersource/a/adagencyjob.htm

Beloning Systems Voor Reclame Executives

http://www.google.com/patents/US20100161398

Intro met les Acht

   Hier is nog een praktische lesplan overzicht dat een aantal van de do's en don'ts van het verplaatsen van de ladder in de reclame beschrijft. Het kan de moeite waard om heel veel aandacht te besteden aan elk onderdeel van dit hoofdstuk zijn. Mensen die hard werken in de reclame zijn niet zoveel waard voor het bedrijf als mensen die meer inkomsten te creëren; het is zo simpel als dat.

Les 8 - Moving Up the Ladder naar het volgende niveau in de reclame

A. Oke, laten we zeggen dat je geluk in je eerste drie tot zes maanden gekregen en zetten steeds meer in de verkoop voor je team. Geloof me als ik je vertel dat je al zijn opgevallen. Als je echt een kracht om rekening mee te houden, en uw sales manager denkt dat je kunt omgaan met de baan, zou je positie een assistent sales manager worden aangeboden in slechts zes maanden op de baan. Dit is goed nieuws en slecht nieuws.
B. Het goede nieuws is dat u een titel, eventueel uw eigen kantoorruimte, en een beetje meer geld en macht zal hebben.

C. Het slechte nieuws is dat uw sales manager het meest waarschijnlijk zal worden met de eer van de meeste van uw ideeën, campagnes en de omzet stijgt. Hij of zij zal schieten voor de volgende sport op de ladder, die de regionale sales manager of manager van een groter gebied. Het zal u niet krijgen van een bod op de regionale positie, zelfs als u de voornaamste reden dat de omzet is gestegen.

D. Je zal waarschijnlijk al het werk van de sales manager, terwijl hij of zij rond snuift voor een betere baan te doen. In werkelijkheid zal je daadwerkelijk de nieuwe sales manager. Je zal nu verantwoordelijk zijn voor alle van de taken van een sales manager, die onder meer te doen, maar zijn niet beperkt tot, de volgende: 1 Het inhuren van nieuwe verkopers, 2 Firing huidige ineffectieve sales mensen, 3 Nauw toezicht op de verkoopcijfers van uw huidige team, 4 Creëren van nieuwe sales campagnes, zoals die in de film Glengary Glenross (zie review op askmrmovies.com) "Eerste plaats is een gloednieuwe auto, Second Place is een nieuwe set van steak messen en Third Place wordt je ontslagen "Dit soort concurrentie is meestal opgezet elke maand. Een typische sales team van zes kunnen concurreren voor de twee 'prijzen' met de laagste twee performers bijna met de zekerheid te worden ontslagen. De komende twee boven hen zal hoogstwaarschijnlijk worden op een soort 'proeftijd' gezet voor een maand, die, wanneer vertaald, betekent dat ze zullen worden ontslagen van de volgende maand als ze niet afmaken eerste of tweede plaats in de verkoop.

E. Uitzonderingen op de survival of the fittest scenario D zijn als het hele verkoopteam relatief is kluitje nauw in verkoopaantallen, maar iedereen is het draaien in aanvaardbare aantallen. Bedenk echter, dat de aanvaardbare aantallen is een relatief begrip. 100.000 in de verkoop in een maand zou kunnen aanvaardbaar zijn, terwijl in een andere maand zou kunnen betekenen zou je ontslagen worden.

F. Je succes als assistent Sales Manager is nauw verbonden met de resultaten van uw sales team, dus het is essentieel dat u het team dat u wilt formuleren en proberen om hun succes op het hoogste niveau te verzekeren. Als ze falen, zal u niet alleen uw positie van Assistant Sales Manager te verliezen; je zou volledig te blik van de onderneming. De meeste van de tijd, echter, het ergste dat zal gebeuren is dat je gegooid terug in de verpakking van de algemene sales mensen. Dit is ook de tijd om uit te proberen, en te nemen krediet voor een aantal nieuwe advertentiecampagnes waarvan u denkt dat zou kunnen werken.

ICA en HW 8

Beantwoord de volgende essays:

1 Wanneer wordt u bevorderd van verkoper om Assistant Sales Manager?
2 Wat is het goed nieuws en slecht nieuws van het worden een nieuwe Assistent Sales Manager?
3 Wat is, in het algemeen, zijn de nieuwe verantwoordelijkheden van een Assistent Sales Manager?
4 Wat zijn "acceptabel nummers"?

5 Waarom is het samenstellen van uw sales team en het waarborgen van hun succes zo belangrijk om je eigen succes?
6 Wat gebeurt er als uw sales team faalt?

Extra Internet Hulpmiddelen voor deze les:

Film Resource
Glengarry Glenross

http://www.askmrmovies.com

Taken van een Assistent Sales Manager

http://education-portal.com/articles/Advertising_Manager_Job_Description_and_Requirements_for_a_Career_in_Advertising_Management.html

Hoe effectief te nemen en te ontslaan verkopers

http://www.rabinsite.org/academyLms/content/workbooks/mc2workbook.pdf
Intro met les Nine

Hier is een aantal goede algemene adviezen over hoe je jezelf kunt presenteren aan uw leidinggevenden en medewerkers; of het nu in het Westen of in China. Deze lesvoorbereiding overzicht onderzoekt reclame ethiek (ja, goede reclamebureaus hebben goede ethiek) en wat je nodig hebt om ze te begrijpen.

Les 9 - Ethiek en de Workplace Socialisatie Trap

A. gezelligheid in de werkplaats (en met name in de SALES werkplek) kan zeer gevaarlijk zijn voor uw gezondheid werkgelegenheid. Mannen en vrouwen hebben geslapen met elkaar alleen maar om Ahold van sales leads te krijgen. Een gevecht tussen dating verkopers kunnen giftig voor het gehele sales team. Wees op uw hoede van een romantische toenadering in uw verkoopkantoor. Er zijn tal van andere plaatsen om mensen van het andere geslacht te ontmoeten. Ondanks het bevorderen van teamwork en verbondenheid binnen de groep, er is altijd die afstand gecreëerd door de concurrentie voor de bovenste twee sleuven in het kantoor op de loer achter elke glimlach, elk drankje of feest en elke sociale situatie op de kantorenmarkt.

B. Als u getrouwd bent, ben je erg kwetsbaar als je probeert om iemand in het kantoor dateren. Iedereen weet dat je getrouwd bent. Iedereen weet dat je gek rond. Al duurt het is een vijand voor je naar beneden brengen en uw carrière bij dat bedrijf is voorbij. Gebeurt dit vaak in veel bedrijven? Natuurlijk wel. Hebben sommige mensen ermee weggekomen? Natuurlijk doen ze dat. Maar dat doe je niet / want de kansen worden gestapeld heel hoog tegen je. Sommigen zeggen zelfs dat seks met hun vrouw is veel beter de seks ze buiten het huis te krijgen. Als dat waar is, waarom hebben hamburger als je steak thuis kan gebruiken?

C. Teambuilding is een ding; het krijgen van te intiem met je collega's op zakenreis in een ander ding helemaal. Het gebeurt heel vaak en de resultaten zijn vriendjespolitiek, groep ontgoocheling, dalende verkoop en uiteindelijke ontslag van uw sales manager positie.

D. Vergeet nooit voor een seconde dat de onderste regel in alle bedrijven is de winst uit de verkoop. Al het andere is een illusie of irrelevant. U kunt een of meer vriendinnen buiten uw huis. U kunt zoveel zaken hebben als je wilt en het bedrijf zal ook voor hen te betalen op voorwaarde dat uw verkoopcijfers blijven stijgen. Moraal en ethiek hebben nog nooit de lange kleur van de reclame, sales en welvarende bedrijven. Bedriegt je vrouw of man, maar geeft je de concurrentie (zowel binnen als buiten het kantoor) een rand ze normaal gesproken niet zou hebben. Waarom de wedstrijd een voorsprong?

E. In zeldzame gevallen zal een echt kantoor romance opbloeien tussen twee losse leden van het andere geslacht en dit is allemaal goed en wel. Echter, vergeet nooit voor een minuut dat veel meedogenloze bedrijven beschouwen de getrouwde vrouwen een verplichting omdat ze zwanger op het moment zelf kan worden en verliest waardevolle bedrijf tijd voor de verkoop en de winst als gevolg van hun onvermogen om gelijke tred te houden met enkele mannen die geen verantwoordelijkheid dan ook. Ondanks wetten van het tegendeel, veel bedrijven huren alleen single mannen en vrouwen gewijd aan hun baan. Zij zullen ook getrouwde mannen huren zonder kinderen. Deze voorspanning van de ergste soort gewoonlijk wordt uitgevoerd talloze verkoopafdeling. Nogmaals, hoewel, je kan een vrouw die zwanger is is, hebben zes kinderen en twee vriendjes op kantoor zolang uw verkoopcijfers blijven stijgen.

F. Softball teams, bowling teams, golf teams, tennis teams en andere bedrijf teams zijn een goed idee voor de verkoop moreel. Partijen, naar een bar na het werk, of naar iemands appartement van het werk kan de verstandigste keuze voor de meeste werknemers niet zijn. Sommigen zullen misschien zeggen dat ze misschien hun baan verliezen als ze niet te socialiseren en te gaan drinken "met de jongens". Nieuwsflits; het enige dat telt is uw verkoop; Nothing Else Matters. Komen met een betere advertentie.

ICA en HW 9

Beantwoord de volgende essays:

1 Waarom is het socialiseren in de verkoop en reclame werkplek soms een gevaarlijke activiteit?
2 Waarom trouwen mensen soms moeite met de verkoop en reclame-werkplek?
3 Waarom zijn sales conventies en zakenreizen soms een gevaarlijke situatie?
4 Waarom zijn verkoop uiteindelijk het enige dat wat ethiek betreft in de meeste bedrijven telt?
5 Waarom zijn vrouwen in het nadeel zijn in de verkoop en reclame werkplek?

6 Waarom zijn bedrijf team activiteiten te verkiezen boven partijen en gaan voor een drankje na het werk?

Extra Internet Hulpmiddelen voor deze les:

Film Resource
Madmen (een aflevering)

http://www.askmrmovies.com

Uitdagingen van Vrouwen in de Sales en Marketing Workplace

-http://www.blastradius.com/ideas/confessions-een-vrouw-exec/

(Het lijkt erop dat de auteur als David Ogilvy titel zo veel, ze gebruikt het voor haar eigen boek)

Team-building in Sales

http://www.teambuildingproductions.net/commercials.htm

 Intro met les Tien

    In Les Tien's overzicht, onderzoeken we de geneugten van het krijgen van uw eerste rekening. Vervolgens onderzoeken we de paniek die in zet zodra je je realiseert dat je het meest waarschijnlijk zal worden ontslagen als je niet succesvol met deze account. Lees verder voor de eerste sensatie van het succes of uw eerste mislukking in het bedrijfsleven met veel meer van elke emotie te volgen in de toekomst. Als u wilt dat de beveiliging, krijgt een baan bij een bank of een school (natuurlijk, je zal niet zo veel geld te verdienen).

Les 10 - Uw eerste account

A. Gefeliciteerd. Je landde net uw eerste reclame rekening. U mag een assistent voor maanden zijn geweest voordat ze gaven je je eigen of misschien heb je geluk hebt en begint de wedstrijd met een zo snel als je ingehuurd. In beide gevallen kunt u de ranch dat de account die u werden gegeven is uiterst onbelangrijk wedden. Ze zijn niet van plan te vertrouwen een belangrijke account naar een junior reclame-agent. Dit is goed nieuws en slecht nieuws. Het goede nieuws is dat je je eerste account en een kans om te laten zien wat je kunt doen. Het slechte nieuws is dat het waarschijnlijk een account die geen andere senior lid wilde en dat iedereen in het kantoor langer dan je had al doorgegeven. De kans dat je zal falen met deze account zijn zeer hoog; meer dan 50%. Echter, zal je waarschijnlijk niet ontslagen als je faalt, want niemand wilde het in de eerste plaats. Het is waarschijnlijk zeer moeilijk voorwerp te verkopen of op aantrekkelijk voor het publiek. Laat me u een voorbeeld geven; Ace Bug Spray voor kakkerlakken.

B. Hoe maak je een giftige insectenspray aantrekkelijk? Laten we eerlijk zijn, insectenspray is niet erg aantrekkelijk, dus je moet het probleem vanuit een ander perspectief te vallen; hoeveel mensen haten kakkerlakken? U een duik in de psychologische angst element van kakkerlakken in de keuken, badkamer en slaapkamer? Ik had een groep studenten werken op deze rekening en dit is wat ze bedachten. Een student had een man wakker met een gigantische kakkerlak in bed met hem in plaats van zijn vrouw. Deze student ging voor de humoristische invalshoek. Een andere student had een groep van kakkerlakken plunderen de koelkast, waardoor er geen voedsel voor het gezin. Dit was ook een humoristische aanpak. Een derde student heeft een man vraagt zijn vrouw hem de handdoek te passeren nadat hij gedoucht en een kakkerlak overhandigt hem een handdoek. Dus mijn beste studenten dachten dat humor de beste manier was om dit produkt te hanteren en ik ben het eens met hen.

C. Hoe maak je de concurrentie te verslaan? Ze zeggen dat de waarheid is het eerste slachtoffer van de oorlog. Nou, dat is ook waar in de reclame. Elk product beweert de beste en goedkoopste zijn. Natuurlijk, dat is niet mathematisch waarschijnlijk, maar ze beweren dat het, hoe dan ook. Zodat uw product moet automatisch de beste op de markt zijn (ook al is het niet). De volgende vraag is waarom is het het beste op de markt? Nu moet je om te komen met een redelijk idee waarom het is de beste. Een van mijn studenten gebruikt deze truc: "Andere sprays worden gebruikt en de insecten blijven terugkomen, maar Ace Bug Spray werkt na slechts een gebruik (en de bugs wordt pas na dit gebruik net zo goed). Let op de tekst in de advertentie; het niet echt beweren dat de bugs niet zal terug te komen na een gebruik; het enkel, dat het werkt na slechts een toepassing. Nou, alle bug sprays werken na een gebruik, maar dat is niet belangrijk. De lezer vindt dat de bugs niet terug na een gebruik zal komen. Dit is de kracht van de suggestie.

Een andere student gebruikt het economische model voor haar advertentie; "Kills ze dood met slechts een spuitbus" De implicatie is dat je niet veel van het product nodig om zich te ontdoen van uw problemen te krijgen, zodat op de lange termijn, zal u geld besparen. Eigenlijk zijn alle bug sprays doden elke bug met slechts een spray, maar geen enkel ander bedrijf aan gedacht dat het maken van een slogan. Dit is hoe je de concurrentie te verslaan. Wees ervan bewust dat je al op glad ijs in de ethische arena.

D. Het kunstwerk en kopiëren moet grafische en stuur een bericht naar de koper. Toon een dood insect en de woorden "slechts een spray, en ze gaan weg" een student ingediend. Alle bugs verdwijnen na een spray, maar het idee het beeld geeft is dat de spray doodt de bug en geen andere bugs zal ooit weer in de buurt er komen (wat een fantasie). Het gezicht van de bug moet zijn van de pijn of angst. In werkelijkheid, geen fouten hebben gezichtsuitdrukkingen van een van beide. Toon een vrouw op het blik het doden van de bug. De meeste vrouwen haten bugs en zijn schoner dan de meeste mannen (die over het algemeen vies varkens die niet schelen als er een paar bugs in het huis). Het blik is een wapen in de handen van de vrouw en stelt haar een graad.

E. Haal je product bekend en verspreid. Je kunt niet van de verkopen door te wachten te verhogen voor klanten om naar je toe komen. De advertentie exec hanteren deze rekening zal moeten worden betrokken bij de marketing en distributie van dit product, evenals het krijgen van die betrokken zijn uit de creatieve einde geworden. Letterlijk splash het internet met uw product. Een verkoop; 33% korting. Koop twee en krijg er een gratis (hetzelfde als een 33% korting op de verkoop). Contact met winkels in arme wijken; ze hebben de meeste huizen met kakkerlakken. Target armen en arbeidersklasse mensen; zij zijn degenen die de meeste van deze kleine beestjes lijden. Zoek uit wat uw concurrentie wordt opgeladen en voldoen aan of winnen van de prijs.

F. Gefeliciteerd. Uw marktaandeel is tot 1% deze maand. De campagne was een succes. De Ace Bug Spray bedrijf maakte een extra $ 200.000 in de verkoop. Ze zullen erg blij zijn om uw reclamebureau 10.000 dollar bonus bovenop de $ 10.000 die zij hebben betaald voor de campagne. Uw eerste advertentiecampagne was een succes, maar laat dat je niet naar je hoofd stijgen. Je had net zo goed hebben gefaald. Vroeg of laat, zal een van uw advertentie campagnes mislukken. Dit is een wiskundige zekerheid. Maar geniet van je eerste succes. Als je had gefaald, zou je je niet negeren en komen met een betere campagne de volgende keer.

ICA en HW 10

Beantwoord de volgende essays

1 Waarom is het goed nieuws en slecht nieuws voor je eerste account te krijgen in een reclamebureau?
2 Hoe maak je insectenspray aantrekkelijk voor de koper?
3 Hoe ziet u uw concurrentie te verslaan?
4 Waarom zijn kunstwerk en kopieer belangrijk?
5 Wat moet je doen als je succesvol bent met uw eerste advertentiecampagne? Hoe moet je omgaan met mislukking?

Extra Internet Hulpmiddelen voor deze les:

Algemeen Resource

http://www.askmrmovies.com

Lust For Life (1956) - Grote kunstenaar film

Eerste Accounts bij reclamebureaus

http://en.wikipedia.org/wiki/Account_planning

Artwork en kopiëren op Ad Campaigns

http://www.rottentomatoes.com/m/1216754-art_and_copy/ (documentaire)

Intro met les Elf

OK, dus je hebt geluk en maakte een hit met uw eerste campagne. Dat is zowel een goede zaak en niet zo goed. Nu dat je succesvol was met een klant, zal uw managers worden verwacht u succesvol te zijn met elke klant te zijn. In honkbal, kunt u outs maken twee van de drie keer, en nog steeds leiden de competitie in het raken, maar in de reclame, zou dat alleen maar je ontslagen. Check out deze lesvoorbereiding schets over hoe toe te voegen aan uw aanvankelijke succes.

Les 11 - Het toevoegen van uw account Portfolio

A. Dus je had een beetje succes met uw eerste klant. Laat het niet naar je hoofd stijgen. Er zijn slechts twee richtingen die je kunt gaan in het bedrijfsleven; omhoog of omlaag. Niemand gewoon glijdt op wat ze hebben bereikt. U bent ofwel het verhogen van de omzet voor uw kantoor of uw omzet dalen, wat zou betekenen, natuurlijk, je zou uiteindelijk worden gevraagd

33

om te vertrekken. Laten we aannemen dat omwille van het argument je op de uptrend. Je was succesvol met Ace Bug Spray en nu heb je het oog van de senior partners van het bedrijf betrapt en zet angst in het hart van een van de andere leden van uw kantoor. Je zou in de rij voor een andere account; deze keer zal het een groter en / of beter rekening dan Ace Bug Spray zijn.

het oog van de senior partners van het bedrijf hebben gevangen en zette angst in het hart van een van de andere leden van uw kantoor. Je zou in de rij voor een andere account; deze keer zal het een groter en / of beter rekening dan Ace Bug Spray zijn. Misschien werk je met de "A"- team in plaats van de "B" team. Welke situatie je jezelf in, dan kun je de ranch zal complexer zijn dan je eerste rekening te wedden. Wees voorbereid op een grotere opdrachtgever.

B. Uw bedrijf net ontslagen Bill Clemens, die waren geweest met het bedrijf voor drie jaar. Het lijkt erop dat Bill's streak van geluk eindigde toen kreeg hij een stevige rekening en laat het naar beneden gaan voor twee rechte kwartalen. Bill was goed of slecht? Echt niet uit. Het enige dat telt is de verkoop; en ze waren naar beneden twee rechte kwartalen. Je hebt ingeleverd de rekening. Het goede nieuws is kun je waarschijnlijk niet met deze opdracht en nog steeds worden bewaard, want dan zal het agentschap denkt dat er iets mis is met de cliënt als ad twee agenten niet op een client op een rij. (Klanten zullen je meestal vallen toch als ze tegenkomen twee mislukkingen op rij ook). Het slechte nieuws is dat je je omdraaide Ace Bug Spray en de verwachtingen zijn hoog dat u zal blijken rond de Alibaba Sneaker Company, die groot succes voor het eerste jaar op de Amerikaanse markt (ze komen uit China, natuurlijk) had, maar toenemende druk van Nike en Adidas heeft omgekeerd een deel van de winst die in het marktaandeel had gemaakt in het eerste jaar. Jouw taak is om hun huidige marktaandeel te verhogen van 4% tot 5% of zelfs de 6% die ze in het eerste jaar.

C. Vergeet niet, je moet nog steeds om je andere klanten, Ace Bug Spray, naast de dienst aan het bedenken van een campagne voor Alibaba Sneakers. Zorg ervoor dat u zich niet te dun door het nemen van te veel klanten in een keer verspreid. Delegeren enkele bevoegdheid om een van uw medewerkers (tegen die tijd, de senior leden hebben je een assistent gegeven). Laat ze de gaten houden van de Ace Bug Spray campagne om ervoor te zorgen dat verloopt volgens uw verwachtingen. Dan kunt u beginnen met uw nieuwe campagne te organiseren voor Alibaba Sneakers.

D. Dus wat is er mis met Alibaba Sneakers ging? Waarom hebben ze marktaandeel verliezen voor de laatste twee kwartalen. Je nodig hebt om uitgebreid onderzoek te doen voordat u uw nieuwe campagne. Uw onderzoek toont aan dat Nike creëerde een low-end product om te concurreren met de lage prijzen worden aangeboden door Alibaba Sneakers. Dit verminderde het voordeel dat Alibaba Sneakers had toen ze voor het eerst op de markt kwam en undersold alle andere binnenlandse sneaker merken. Dus Nike heeft je aangevallen. Je nodig hebt om Nike te vallen zo terug. Een van mijn studenten was de Alibaba Sneaker probleem toegewezen en kwam met deze oplossing; kopieert u de top van de lijn stijlen van Nike en verkopen ze voor veel minder met allemaal dezelfde componenten. Gebruik een onafhankelijke rapporten groep consumenten om te vergelijken uw top van de lijn stijlen en kwaliteit met die van Nike voor de prijzen die zowel worden aangeboden voor. De groep consumenten moet komen met de conclusie dat voor de prijs, Alibaba Sneakers bieden allemaal dezelfde kwaliteit die de top van de lijn Nike sneakers bieden, maar tegen een lagere prijs. Als u deze strategie kunt bereiken, wordt u in de rij voor een zeer grote bonus, een grote verhoging, een nieuw kantoor en in de rij voor een nog groter en beter rekeningen.

E. Wat als je faalt? Wat als Alibaba Sneakers wil niet de kans om te gaan head to head met de krachtige Nike nemen? Dan zal je ofwel worden ontslagen of krijgen een nieuwe kans met een ander account. Ongeacht de uitkomst, zal je altijd een nieuwe campagne met nieuwe ideeën te creëren. Zelfs als je voor een half dozijn reclamebureaus werken, alles wat er nodig is een goed idee en een goede campagne om uw merk te maken in de reclamewereld. Gewoon blijven swingende weg, en vroeg of laat zal je raken een uit het park.

ICA en HW 11

Beantwoord de volgende essays:

1 Wat gebeurt er als u succes met uw eerste klant te hebben?
2 Wat gebeurt er als u zich niet te draaien rond een cliënt met problemen?
3 Hoe moet u uw klanten van dienst als u meer klanten toevoegen aan uw portefeuille?
4 Hoe kun je de concurrentie een tegenaanval?
5 Hoe moet je een mislukte reclamecampagne te behandelen?

Extra Internet Hulpmiddelen voor deze les:

Algemeen Resource

http://www.askmrmovies.com

Failure: The Movie (2012)

Toe te voegen aan uw klantenbestand uit

http://www.shmoop.com/careers/sales-representative/

Omgaan met Mislukking in Advertising

http://www.theradiostations.com/12-oorzaken-reclame-storing

Intro met les Twaalf

Er is een gezegde dat we worden beoordeeld door het bedrijf houden we. Niets is meer waar dan dat de verklaring in de reclamewereld. Als je met varkens slapen, wordt u beschouwd als een varken zelf; ongeacht uw driedelig pak van Brooks Brothers. Het volgende advies van Ogilvy moet niet alleen worden gevolgd, maar tot op de letter.

Les 12 - Hoe maak je klanten voor reclame

A. In tegenstelling tot wat velen denken, heeft een goede reclame bedrijf niet elke client die door de deur te komen nemen. Om dit te doen zou de reputatie van de makelaar die u probeert op te bouwen in gevaar brengen.
B. Ben trots op het product uw klant probeert te verkopen, adverteren. Als u een probleem het

verkopen van ondergoed van de dame, dan niet instemmen met de rekening.

C. Accepteer nooit een rekening, tenzij je denkt dat je een aantoonbaar beter presteren dan uw voorganger.

D. Probeer niet om cliënten met een lange strook van opeenvolgende verliezen van het marktaandeel over meerdere kwartalen toe te voegen.

E. Vermijd cliënten die te veeleisend; veeleisende klanten hebben vaak vooroordelen over wat werkt en wat niet werkt. Dit verstikt de creativiteit en het vermogen van uw medewerkers om een effectieve nieuwe campagne te monteren.

F. Ga op zoek naar klanten met producten van lage kosten per eenheid, universeel inzetbaar, en frequente aankoop (tandenborstels, wc-papier, snoep, drankjes, etc). Ze hebben grotere budgetten en zijn makkelijker te testen dan high-ticket items.

G. Vermijd groepen of commissies dat meer dan een persoon nodig om goed uw reclamecampagne. Zorg ervoor dat je verantwoording af aan de baas alleen en niemand anders zijn.

H. Accepteer geen een cliënt met een aandoening die je een van hun werknemers moeten hebben op uw medewerkers.

I. Vermijd klanten die fungeren als pestkoppen.

J. Vermijd klanten die je publiekelijk aan te kondigen als een kandidaat voor hun campagne. Publiek niet zo'n cliënt resulteert in schade aan te werven om uw kantoor.

K. Vermijd concurreren met meer dan drie andere bureaus op een bepaald moment voor een account.

ICA en HW 12

Beantwoord de volgende essays:

1 Waarom moet je selectief zijn in het kiezen van cliënten aan de dienst voor uw kantoor te zijn?
2 Waarom zou u voorkomen veeleisende klanten?
3 Waarom zou je op zoek gaan naar klanten met producten die lage kosten per eenheid te hebben?
4 Waarom zou u voorkomen publiekelijk concurreren voor een campagne?
5 Waarom zou situaties waarin reclamecampagnes moet de goedkeuring van meer dan een persoon te voorkomen?

Extra Internet Hulpmiddelen voor deze les:

Algemeen Resource

http://www.askmrmovies.com

Erin Brockovich (2000) onderzoekt de ethiek in de reclame

Criteria voor het accepteren van nieuwe klanten in de reclame

http://www.ehow.com/info_8681316_procedures-nieuwe-accounts-reclame-company.html

Het vermijden Onjuiste Cliënten in een reclamebureau

http://marketing.about.com/od/advertising/tp/marketmistakes.htm

Intro met les Thirteen

   Hier Ogilvy adviseert ons over hoe klanten te houden. Krijgen van hen is soms makkelijker dan ze te houden. Het verliezen van een cliënt kan problematisch zijn voor zowel u en uw bedrijf. Wees voorbereid op het uiteindelijke verlies van een klant door het hebben van een plan B voor het geval dat laten ze je schip. Ogilvy geeft ons tal van tips over hoe we onze klanten tevreden te houden.

Les 13 - Hoe Cliënten houden

A. De gemiddelde klant verandert reclamebureaus om de zeven jaar. Zorg ervoor dat u besteden uw beste werknemers aan het behoud van klanten, niet het verkrijgen van nieuwe. U moet uw bedrijf functies te scheiden in Client Initiatie en Client Maintenance. Nooit meng de twee met een persoon.
B. Know van de geschiedenis van de reclame van uw klant en hun agentschappen; cliënten dat agentschappen vaak veranderen vermijden of hebben een slechte geschiedenis met hun agentschappen
C. Bij het vaststellen van een relatie met een klant, proberen om de communicatie op alle niveaus van het bedrijf.
D. Probeer om te gaan met het hoogste niveau van het bedrijf te allen tijde; CEO's en voorzitters zijn minder lastig dan het omgaan met ondergeschikten.
E. Leg niet te veel nadruk op een cliënt. Het hebben van een onevenredige hoeveelheid zaken van de ene cliënt kan uiteindelijk leiden tot het verliezen van een onevenredig groot deel van het bedrijfsleven als je verliest die client.
F. Meet de tijd die nodig is om uw klant te onderhouden. Neem het door uw klant en verdeel betaald door het aantal uren besteed aan zijn of haar account vergoeding. Als het gemiddelde uurloon betaling daalt onder X, moet u de client te laten vallen.
G. Vermijd teams en commissies waar mogelijk; maak uw presentatie aan de CEO, president of een andere belangrijke beslisser; niet een ondergeschikte.
H. Zorg ervoor dat u uw presentatie repeteren twee of drie keer voordat u daadwerkelijk geef het aan uw potentiële klant.
I. Vermijd het gebruik van commissies of meer dan een persoon om een presentatie te geven; onderzoek blijkt een speaker effectiever is dan een groep sprekers.
J. Vertel je client naar de waarheid; zelfs als u kost je de rekening.
K. Heeft pesten van alle soorten binnen uw kantoor of agentschap niet toestaan; brand iedereen die niet harmonieus of, op zijn minst, coöperatief en flexibel.

ICA en HW 13

Beantwoord de volgende essays:

1 Waarom is het handhaven van klanten net zo belangrijk als het verkrijgen van hen in de eerste plaats?
2 Waarom zou u grondig onderzoek van de geschiedenis van de reclame geschiedenis van uw potentiële klant?
3 Waarom zou u voorleggen aan het hoogste niveau van het bedrijf van uw potentiële klant?
4 Waarom zou u voorkomen dat onevenredige contract van een potentiële klant?

5 Hoe moet je een beslissing om een cliënt te laten vallen te maken?
6 Waarom zou je eerlijk zijn te allen tijde met al uw klanten?
7 Waarom zou pesten op uw kantoor of agentschap niet toestaan?

Extra Internet Hulpmiddelen voor deze les:

Algemeen Resource

http://www.askmrmovies.com

Tucker (1988) - geweldige presentatie film

Hoe te Advertising klanten te behouden

http://www.marketingdonut.co.uk/marketing/customer-care/how te behouden-gebruikers-in-harde-tijden

Geheimen aan Good Presentaties

http://www.thinkoutsidetheslide.com/ten-geheimen-voor-gebruik-powerpoint-effectively/

Intro met les Veertien

Het is belangrijk om te beseffen dat it takes two to tango in de reclame-spel. Je kunt niet succesvol zijn zonder de medewerking van uw klant te zijn, en uw klant kan niet succesvol zijn, tenzij ze met u samenwerken. In deze lesvoorbereiding overzicht, Ogilvy suggereert hoe cliënten zich moeten gedragen ten opzichte van hun advertentie mannen of vrouwen.

Les 14 - Hoe moet Cliënten Gedraag je naar je bureau?

A. Cliënten moeten niet een sfeer van angst te creëren voor uw kantoor.
B. Om een aanzienlijke mate, klantgedrag bepaalt het succes of falen van een goede reclamecampagne.
C. Laat uw reclamebureau de creatieve einde van het werk doen; niet concurreren met hen op dit gebied.
D. Werk rechtstreeks met uw kantoor als het hoofd van uw bedrijf.
E. Zorg ervoor dat uw reclamebureau wordt goed betaald voor het verhogen van uw winst per kwartaal. U kunt wedden dat je zal ze straffen of ontslaan ze als de verkoop naar beneden gaan in elk kwartaal, dus bereid zijn om ze goed te betalen voor succes.
De uitgaven van F. Uw kantoor worden gemeten in uren; als u wilt dat aanvullend onderzoek, pre-testen, testen presentaties, split reclame testen, tv-spots, radiospots, kranten vlekken, zijn bereid om te betalen voor elk van deze extra diensten op basis van facturering per uur kosten. Het uurtarief voor elk van deze en andere activiteiten kunnen variëren, maar moet worden onderhandeld op voorhand van het contract.
G. Wees eerlijk met uw kantoor en uw makelaar zijn openhartig met u.
H. Aantallen over het algemeen niet liegen; alleen mensen liegen. Als je nummers zeggen dat het tijd is voor een nieuwe advertentiecampagne; volg de nummers. Als je nummers goed zijn, het niet repareren als het niet kapot is.
I. overschakeling naar een maandelijkse plannen van KWARTAAL plannen. Beter om een kalkoen in een maand of een grote advertentiecampagne in een maand te vinden.

ICA en HW 14

Beantwoord de volgende essays:

1 Waarom zou u niet uw reclamebureau te pesten?

2 Waarom zouden de creatieve einde van de reclamecampagne komen uit het bureau?

3 Waarom zou u uw reclamebureau goed te belonen voor winstgevende maanden en kwartalen?

4 Waarom moet u zich bewust van het aantal uren dat uw reclamebureau zal besteden op uw rekening?

5 Hoe zou uw bedrijf te gedragen ten opzichte van de cijfers die komen in elke maand of kwartaal?

6 Waarom zijn maandelijkse plannen effectiever dan elk kwartaal de plannen?

Extra Internet Hulpmiddelen voor deze les:

Algemeen Resource

http://www.askmrmovies.com

Creativiteit: The Movie (is het niet geweldig dat je kan leren creatief uit een film te zijn heb ik een brug Ik wil u zo goed te verkopen in Brooklyn?)

http://www.creativitymovie.com/

Creativiteit in de reclame

http://hbr.org/2013/06/creativity-in-reclame-wanneer-het-werk-en-wanneer-het-doesnt/ar/1

Facturering in Advertising

http://advertising.about.com/od/advertisingglossaryb/g/Billings.htm

Intro met les Vijftien

Het bouwen van een grote reclamecampagne is niet meestal geluk (hoewel er wat geluk betrokken); het neemt een groot deel van het onderzoek en hard werken. Boven alles, het kost discipline. Deze lesvoorbereiding overzicht onderzoekt Ogilvy's gedegen advies over hoe je een stevige reclamecampagne te bouwen.

Les 15 - Hoe maak je een Solid advertentiecampagne Build

A. Wees zeer gedisciplineerd met uw plan en de uitvoering
B. Er zijn vier goede reclame:
1 Elke reclame die de klant OKS (volgens een school van denken)
2 Elke reclame die wordt herinnerd door het publiek en de industrie
3 Elke reclame die verkoopt zonder de aandacht op de advertentie, maar alleen om het product
4 Elke reclame die de verkoop van het vorige kwartaal (advies auteur) verhoogt
C. Creativiteit kan worden overschat. Belangrijker dan creativiteit zijn omzetstijgingen in het laatste kwartaal.
D. Leer de realiteit van reclame. Mail Order steunt vrijwel uitsluitend op reclame. Een maand is genoeg testen tijd voor dit proces.
E. Maak een belofte die is verleidelijk om de klanten van de klant en geven de feiten.
F. Probeer om uw merk te bouwen met uw advertenties; dit zal uw omzet verhogen
G. Vermijd kortingen en prijs af deals; hebben ze de neiging om uw product te grabbel
H. Gebruik geen andere succesvolle commercials of advertenties te kopiëren; ze werken voor andere producten, maar misschien niet voor jou.

ICA en HW 15

Beantwoord de volgende essays:

1 Wat onder goede advertenties?
2 Waarom is creativiteit overschat?
3 Wat is het belang van een belofte aan de consument?
4 Waarom is het bouwen van je merk belangrijk?
5 Waarom moet u voorkomen dat kortingen en coupons voor uw product?
6 Waarom is het raadzaam andere advertenties niet te kopiëren?

Extra Internet Hulpmiddelen voor deze les:

Algemeen Resource

http://www.askmrmovies.com

The Greatest Movie Ever Sold (documentaire 2011) - Goede film over branding

How to Build Brand

http://www.wikihow.com/Build-Brand-equity

Het creëren van een belofte voor de Consument

http://www.gazelles.com/columns/Brand%20Promise.pdf

Intro met les Sixteen

Dit is waar deskundigheid Ogilvy in Direct Mail naar voren komt. In deze lesvoorbereiding overzicht, neemt hij ons stap voor stap door de wereld van de Direct Mail advertentietekst schrijven; de essentie van goede reclame. Deze principes zijn ijzersterk en worden ondersteund met verifieerbare advertentie campagnes die miljoenen hebben gemaakt van dollars, en kan gemakkelijk worden beoefend voor e-mail reclame. Zo kennis te nemen.

Les 16 - Hoe schrijf Uitstekend Copy

A. De Headline is het belangrijkste onderdeel van uw advertentie te kopiëren. 80% van je succes of falen hangt af van je kop.
B. Twee meest krachtige woorden in de reclame zijn GRATIS en NIEUW.
C. Hoe is een andere krachtige reclame zin.
D. Langer Headlines van minstens 6-10 woorden meer verkopen dan korter Headlines.
E. Voeg uw selling belofte in uw kop, indien mogelijk.
F. Probeer de naam van het merk in de kop te nemen. Vermijd negatieven in krantenkoppen.
G. Body Copy is de tekst die is te lezen onder de kop. Vermijd analogieën; zelfs eenvoudige degenen.
H. De eerste 50 woorden van de Body Copy zijn uiterst belangrijk. Indien u interesse houden na 50 woorden, zal de lezer het algemeen lezen tot 500 of zelfs 1000 woorden.
I. Hoe meer feiten vertellen in het Lichaam kopiëren, hoe meer product dat u zal verkopen.
J. Inclusief getuigenissen in het Lichaam Kopieer indien mogelijk; ze verhogen de verkoop.
K. Probeer nuttig advies gebruiken in uw lichaam te kopiëren, Het verhoogt de omzet.

ICA en HW 16

Beantwoord de volgende essays:

1 Waarom is de kop van het belangrijkste onderdeel van uw advertentie te kopiëren?
2 Waarom zijn gratis en nieuw de twee meest krachtige woorden in de reclame?
3 Waarom langer krantenkoppen maken meer omzet dan korte?
4 Waarom zou u uw belofte en merk in de kop te nemen?
5 Waarom zijn de eerste vijftig woorden van uw lichaam te kopiëren het belangrijkste onderdeel van die sectie?
6 Waarom zou u getuigenissen en advies in uw Body-exemplaar?

Extra Internet Hulpmiddelen voor deze les:

Algemeen Resource

http://www.askmrmovies.com

Citizen Kane (1941) - een klassieker van krantenadvertenties

Het maken van eenvoudige Headlines Voor Reclame

Stelde tekst:
De kunst van Plain Talk - Flesch

http://advertising.about.com/od/printadsandflyers/a/writingheadline.htm

Het creëren van goede inhoud voor uw reclame

http://suite101.com/article/writing-ads-copy-a152095

Intro met les Zeventien

In deze lesvoorbereiding overzicht, Ogilvy neemt ons mee door de ongrijpbare kunst van de juiste foto's te selecteren en het creëren van de juiste soorten van posters die omzet steeg mits goed uitgevoerd zal rijden. Een foto zegt meer dan duizend woorden, maar alleen als het de juiste foto. Ik ben toevallig Ogilvy's afkeer delen voor billboards langs de belangrijkste snelwegen van de Verenigde Staten. Echter, ze produceren inkomsten, dus ... ..

Les 17 - Hoe Advertenties en Posters Illustreren

A. Het onderwerp van uw advertentie is veel belangrijker de techniek die je gebruikt om het te maken.
B. advertenties zou moeten werken op de nieuwsgierigheid van de kijker. Dit vereist iets bekend als verhaal beroep. Absoluut de beste foto's voor uw advertenties en posters zijn van essentieel belang om er maar een kans op slagen te hebben.
C. De foto's moeten communiceren of telegraaf uw selling belofte aan de potentiële klant. Vermijd al te grappig of te artistieke in uw advertentie; het zal afbreuk doen aan de verkoop belofte.
D. Wanneer u een foto van een man te gebruiken, verlies je een groot deel van de vrouwen als potentiële kijkers, als je een foto van een vrouw te gebruiken, verlies je een groot deel van je mannelijke publiek. Gebruik een paar wanneer de verkoop van een neutraal seksuele product.
E. Als vrouwen zijn uw doelgroep, een baby is het beste vak. Met behulp van sexy vrouwen om vrouwen te verkopen is niet zo goed werkt als het gebruik van een gewone huisvrouw. Kleur advertenties zijn 50% effectiever dan zwart-wit advertenties. Menigte advertenties niet zo goed werkt als enkel onderwerp advertenties.
F. Vermijd waaruit gebouwen en levenloze onderwerpen. Negeer het advies van art directors; ze zijn meer bezig met kunst dan verkopen.
G. Advertenties die eruit zien als redactionele pagina's maken 50% + meer in de verkoop. Zorg ervoor dat uw foto's hebben een goede titel onderaan (en ALLEEN eronder). Begin uw exemplaar met een grote beginletter. Vermijd lange alinea's. De eerste paragraaf moet 12 woorden of minder.
H. Uw exemplaar moeten niet breder zijn dan krantenartikelen zijn; dat is het hoogste percentage rendement op de advertenties voor de breedte.
I. Stel uw advertentie in 10 of 11 punts lettertype. Kleiner type dan dit verkoopt tegen een veel lager tarief. Grotere soort dan dit neemt te veel ruimte op uw advertentie.
J. Het gebruik van BOLD type is goed na drie of vier alinea's te breken de monotonie van uw advertentie. Steek ook illustraties om de drie of vier alinea's.

K. * Gebruik kogels of sterretjes * om uw lezer te helpen in uw alinea's.

L. Houd van Zwart op Wit voor advertenties. Vermijd wit op zwart. Vermijd gekleurde tekst.

M. Uw kop moet van dezelfde grootte zijn van begin tot eind. Vermijd advertenties in CAPS; Ze moeilijker te lezen (want we leren lezen in kleine letters).

N. Voor coupon advertenties, zet je coupon in de bovenste middelste gedeelte van uw advertentie en nergens anders.

O. Project een beeld van de klas in uw advertentie. Mensen niet graag gezien worden consumeren van producten die anderen beschouwen als tweede klasse.

P. Advertising exemplaar is superieur aan posters in meer dan 90% van alle advertenties (volgens Harvard Business School). Goede reclame exemplaar is zo zeldzaam als een goede korte verhalen en goede romans.

Q. Als u een poster moeten doen, zo schandalig mogelijk. Gebruik realistische foto's en samenvattingen te voorkomen. Je hebt vijf seconden voor billboard posters. Aandacht van de bestuurder is zelfs minder dan dat in veel verkeerssituaties. Gebruik zuivere sterke kleuren, niet meer dan drie kleuren, en allemaal tegen een witte achtergrond. Met de grootst mogelijke type met uw merk (Coca-Cola) zichtbaar (8 woorden of minder).

ICA en HW 17

Beantwoord de volgende essays:

1 Waarom zijn de onderwerpen van uw advertenties belangrijker dan de techniek die je gebruikt om ze te verkopen?

2 Waarom zijn nieuwsgierigheid en beloven de belangrijkste factoren in de ontwikkeling van uw advertentie?

3 Waarom is fotoselectie een enorm deel van een succesvolle campagne?

4 Waarom zou uw exemplaar te zijn krant breedte?

5 Waarom moet u voorkomen dat het gebruik van grote letters in uw advertenties?

6 Waarom zou uw exemplaar zeer kort voor billboards?

Extra Internet Hulpmiddelen voor deze les:

Algemeen Resource

http://www.askmrmovies.com

Bad Writing (documentaire) (2012)

Het creëren van grote inhoud voor advertenties

http://www.streetdirectory.com/travel_guide/5015/marketing/kick_starting_body _copy.html

Creëren Grote Posters

http://www.ehow.com/video_7369054_design-reclame-poster.html

Intro met les Achttien

Hoewel we vijftig jaar televisie-advertenties sinds de komst van de Ogilvy en Mather reclamebureau hebben gehad, zijn er nog een aantal fundamentele, klassieke vuistregels te volgen over de do's en don'ts van tv-reclame. In deze lesvoorbereiding overzicht, we onderzoeken hoe je een goede 30 seconden spot advertentie te maken.

Les 18 - Hoe maak je goede televisie-advertenties maken

A. Het doel van de tv-reclame is niet te vermaken, maar om het product te verkopen.
B. niet gesproken woorden alleen te gebruiken op een plek; zorg ervoor dat u onder andere foto

('s). Als de klant het niet ziet, zal ze waarschijnlijk vergeten.

C. Je hebt precies 28 seconden voor een 30 seconden spot commerciële communicatie alle zeven van de elementen van de reclame. Druk? Welke druk? Dit is wat je krijgt betaald het grote geld voor, dus niet zeuren.

D. Probeer uw product NEWS maken. Gebruik de redactionele aanpak, indien mogelijk.

E. Vermijd jingles en slimme kleine uitspraken als "Just Do It" en "Jij verdient een Break Today". Ze zijn afgezaagd en niet een belofte voor het product niet te maken.

F. Gebruik extreme close-ups voor uw tv-advertenties. De meeste tv-schermen zijn niet een gigantische omvang. Zorg ervoor dat uw product krijgt een close-up met de naam wordt genoemd als het wordt gefotografeerd.

G. Soms kunt u niet passen in alle zeven elementen van de reclame; passen in zo veel als je kunt.

ICA en HW 18

Beantwoord de volgende essays:

1 Waarom is het verkopen van uw product belangrijker dan het vermaken van de kijker?
2 Waarom zijn foto's of clips van essentieel belang om uw advertentie?
3 Waarom is het nieuws of redactionele methode van reclame een van de meest succesvolle benaderingen voor tv-advertenties?
4 Waarom zou u voorkomen jingles of slim uitspraken in uw advertenties?
5 Waarom zou je extreme close-ups van uw product te gebruiken in uw advertenties?
6 Wat moet je doen als je alle zeven elementen van de reclame niet kan passen in uw advertentie?

Extra Internet Hulpmiddelen voor deze les:

Algemeen Resource

http://www.askmrmovies.com

Network (1976) - klassieke film op tv-advertenties

Hoe maak je een tv-spot de Foto

http://smallbusiness.chron.com/television-advertentie-technieken-18629.html

Editorial Advertising

http://www.theguardian.com/technology/2009/feb/16/netbytes-advertenties-aotw

Intro met les Negentien

Iedereen geniet van een goede maaltijd. Maar hoe krijg je je eten product te onderscheiden van de duizenden anderen die er in de markt? Let goed op hoe Ogilvy kan je wilt om uit te gaan en koop de meest alledaagse voedingsmiddelen (zoals Kraft Miracle Whip). Er is een methode om zijn waanzin.

Les 19 - Hoe goed reclamecampagnes voor Food Products Make

A. Bouw je zoekertje over de eetlust van de consument
B. Gebruik close-ups van uw voedsel en zorg ervoor dat ze aantrekkelijk zijn
C. Niet de mensen in je eten advertenties weer te geven; alleen het eten
D. Gebruik geweldige foto's van uw voedsel
E. Stok tot een primaire foto
F. Heeft u een recept dat je voedsel omvat; consumenten liefde recepten
G. Heeft uw recept in de kopie niet te begraven; zorg ervoor dat het geïsoleerde
H. Print uw recept op wit papier; niet op de foto of het scherm
I. Krijg wat nieuws in uw advertentie over je voedselproduct
J. Maak uw kop specifieke; niet algemeen
K. Voeg uw merknaam in je kop
L. Wees serieus over eten advertenties; humor of slim exemplaar wordt niet aanbevolen

ICA en HW 19

Beantwoord de volgende essays:

1 Waarom zouden we gebruik maken van de eetlust van de consument om ons product te

verkopen?

2 Waarom zouden mensen worden buitengesloten van voedsel commercials?

3 Waarom zouden we in de eerste plaats gebruik maken van slechts een foto voor ons voedsel advertentie?

4 Waarom zouden we onder andere een recept bij de verkoop van ons voedsel product?

5 Waarom moeten we elimineren humor van voedsel advertenties?

Extra Internet Hulpmiddelen voor deze les:

Algemeen Resource

http://www.askmrmovies.com

Hamburger (1986)

Hoe wordt Good Food-advertenties maken

http://smashinghub.com/36-meest-populaire-afdruk-food-advertisements.htm

Hoe te eten Advertenties doen voor TV

http://www.creativebloq.com/3d/top-tv-commercials-12121024

Intro met les Twintig (Recensie Les Acht Voordat u aan deze les)

   Ogilvy geeft ons een goed advies over hoe je de ladder van succes in de reclame-industrie beklimmen. Ik vond vooral de adviezen over vakanties en, van plan om ze zelf uit te voeren. Zijn andere advies is net zo waardevol, dus let goed op.

Les 20 - Hoe maak je de ladder van succes Klim in Advertising

A. Wees ambitieus, maar niet zo ambitieus dat de mensen om je heen voel je ambitieus bent, of ze zullen manieren om u te saboteren vinden.
B. Wees nederig bij aankomst met uw verse MBA van een Ivy-League de school; zal je een doel van uw eerste dag als je niet.
C. Leer alles wat er te weten over uw eerste account inclusief hands-on, in-persoon bezoeken in aanvulling op internet onderzoek.
D. Zorg ervoor dat je een expert bent op koppen en body tekst in aanvulling op uw andere vaardigheden.
E. Wees een meester van de presentaties
F. Houd uw klant en de potentiële cliënt informatie volledig vertrouwelijk; doen geloven dat je een priester die iemands bekentenis heeft gehoord.
G. Neem een stevige twee weken vakantie, zonder kinderen, maar met je vrouw. Dump de kind (eren) bij oma voor de twee weken. Doen niets anders dan eten, slapen en veel plezier en kom dan terug om uw werk verfrist.

ICA en HW 20

Beantwoord de volgende essays:

53

1 Waarom zouden we onze ambitie van onze collega kantoormedewerkers verbergen?
2 Waarom zouden we nederig zijn als eerste in de nieuwe werkplek in de reclame?
3 Waarom zouden we persoonlijke bezoeken aan onze eerste klant (en elke klant) in aanvulling op internet onderzoek?
4 Waarom zouden wij experts geworden in het maken van koppen en body tekst voor onze advertenties?
5 Waarom zouden we de vertrouwelijkheid van informatie van onze klant te behouden?
6 Waarom zijn vakanties belangrijk in de reclame-industrie?

Extra Internet Hulpmiddelen voor deze les:

Algemeen Resource

http://www.askmrmovies.com

Het is een Wonderful Life (1946) - Geeft u het juiste perspectief op ambitie

Hoe omgaan met Office Politics

-http://guides.wsj.com/careers/how-overwinnen-carrière-obstacles/how-to-handle-office-politics/

Het houden van uw klant informatie vertrouwelijk

http://www.wisegeek.org/what-is-werkplek-confidentiality.htm

Intro met les Twenty-One

Nou ja, hopelijk, de vorige 20 lessen krijg je een mooi begin van uw reclame-carrière in de Verenigde Staten geven; maar wat als je een reclame exec in een plaats als ...... China? Hier zijn een paar lessen op basis van een opeenstapeling van vijf jaar onderzoek naar het onderwerp. China zal naar verwachting de belangrijkste handelspartner van de VS in 2020 U zal de verkoop van een stuk voor hen te zijn.

Les 21 - Verkopen op TV in China

A. Verkopen op TV in China is niet zoals het verkopen op tv ergens anders in de wereld. Het is volledig uniek is voor tv-reclame, met uitzondering van de basiselementen van advertenties.
B. Er is in de eerste plaats slechts ÉÉN reclamebureau voor alle CCTV-stations in China; dat zou de Gouden (inderdaad) Bridge Advertising Agency, die een ongelooflijke monopolie op reclame binnen China heeft.
C. Ondanks het feit dat een monopolie, Golden Bridge creëert tal van spectaculaire tv-spots en advertenties voor haar klanten; vooral in hun reisbestemming reclame. Zelfs producten alledaags als mineraalwater krijgen eersteklas behandeling door deze eersteklas reclamebureau.
D. Vlekken op de Chinese televisie kan sterk variëren. In de VS en de meeste andere landen is de gemiddelde spot is ofwel 15 seconden of 30 seconden. In China, kan de spot zo lang als twee minuten. De meeste plekken zijn nog steeds 15 of 30 seconden, echter. Er lijkt een beetje meer ruimte voor creativiteit en wisselende ad lengtes voor Chinese televisie zijn.
E. Chinese advertenties gebruiken vaak westerse acteurs en actrices voor een of andere reden, zelfs al 99% of meer van hun consumenten zijn Chinees. Ik kan niet zien het economische voordeel van het gebruik van westerse woorden of acteurs in een Chinese advertentie. Als 95% van uw publiek van consumenten niet uw advertentie te begrijpen (5% enkele zeer BASIC Engels in China kan begrijpen), verspil je 95% van uw advertentie budget. Gebruik Chinese karakters, Chinese acteurs en Chinese rekwisieten om Amerikaanse of West-artikelen te

verkopen; uw reclame zal veel meer in resultaten op.

F. Dezelfde plekken over en lopen weer op de Chinese televisie. Het is niet duidelijk of dit komt omdat er weinig creativiteit in de reclame sector of dat de bedrijven zijn trekken in een consistente verkoopnummer elke maand; waarbij zij correct zouden niets te lossen als het niet gebroken.

G. De meest succesvolle advertenties zijn degenen die items met lage kosten per eenheid, zoals het drinken van water, ijsthee en andere eenvoudige items omvatten. Deze producten hebben de breedste consument bevolking in China en dus richten ze is veel gemakkelijker dan, laten we zeggen, gericht op de juiste markt aan BMW's te verkopen.

H. Het kopen van tijd in de juiste tijd slots is de sleutel voor veel grote bedrijven. Chinees houdt het publiek van talent programma's en ze hebben de hoogste kijkcijfers van alle Chinese uitzendingen. Derhalve zijn deze tijdsloten zijn de duurste om te adverteren in, maar je krijgt wat je betaalt voor.

I. Voordat met de reclame je van plan bent om de lucht op CCTV, zorg ervoor dat u voldoet aan alle censuur regels voordat je de lucht van de commercial. De regels worden openbaar genoteerd aan de Xinhuanet.com website.

ICA en HW 21

Beantwoord de volgende essays:

1 Hoe Chinese televisie en commercials verschillen van Westerse tv en commercials.
2 Waarom is het Golden Bridge Reclamebureau belangrijk in China?
3 Waarom doen veel Chinese reclame-clients dezelfde advertenties over en weer?
4 Waarom zijn lage kosten per eenheid items veiliger economisch om te adverteren dan grote ticket items?
5 Waarom is de juiste tijd-slot en het programma van groot belang voor het succes van uw advertentie?
6 Waarom zou u contact op met Xinhua website van regelgeving met betrekking tot tv-reclame voordat u uw advertentie te maken?

Extra Internet Hulpmiddelen voor deze les:

Algemeen Resource

http://www.askmrmovies.com kijken Chinese tv-net als de Chinezen op

http://www.imdb.com/title/tt1261968/

Beste Chinese tv-shows om te adverteren op

http://bbs.chinadaily.com.cn/thread-852713-1-1.html

Chinese Television Advertising Regulations

http://news.xinhuanet.com/english/china/2013-01/21/c_132117787.htm

Intro van Les Twenty-Two

Verkopen op het internet in China is net terug van tien of vijftien jaar in de tijd en de technologie van de VS en West-internetmarkt. De meeste sites zijn natuurlijk volledig Chinese. Sommige sites proberen in het Engels en Chinees te combineren, maar meestal eindigt met Chinglish (een zeer slechte vorm van het Engels met verschrikkelijke spelling en grammatica fouten). Ik zou een Chinees-only website adviseren, tenzij u verkoopt westers onderwijs, Western reissites of westerse luxe artikelen. Natuurlijk zou de beste oplossing zijn om een top westerse copy writer en een top Chinese copy writer op hetzelfde personeel hebben; veel succes met die formule. Westerlingen denken dat ze ad genieën en Chinezen denken dat ze ad genieën. Het Feit is dat beide verkeerd de overgrote meerderheid van de tijd.

Les 22 - De verkoop op het internet in China

A. Het internet in China is een interessante uitdaging voor ondernemers. Het is vrij algemeen bekend dat er een enorme hoeveelheid overheidscensuur om verschillende redenen (meest economische). Bijvoorbeeld, het betaamt de Chinese regering om buiten te houden van sociale netwerken zoals Facebook van de Chinese internet, zodat bedrijven als QQ en Sogou de social networking markt kunnen domineren en geld verdienen voor Chinese bedrijven. Het bij deze bedrijven de belastingen, natuurlijk, ga dan direct naar de Chinese overheid. Er zijn vele goede redenen waarom de Chinese BNP van de wereld markt heeft gedomineerd voor een aantal jaren en dit is een van hen. China is echter niet het enige land dat deze vorm van protectionisme beoefent.

B. Ondanks de beperkingen van het internet in China, zijn er nog veel website mogelijkheden voor kleine en middelgrote bedrijven. De basisprincipes van de website bouw stil te houden geldt voor China, evenals de rest van de wereld; Uw site moet goed georganiseerd, goed geadverteerd en hebben een niche, of iets anders dan de vele concurrenten die online zijn.

C. De Chinese overheid is zeer streng over het voorkomen van pornografie, oplichting van alle soorten, de verkoop van twijfelachtige zaken zoals valse merknamen of iets dat inbreuk maakt op de intellectuele eigendomsrechten van anderen (in tegenstelling tot wat je misschien wel eens gehoord). Ook kunnen bekende politieke namen als Mao Zedong en anderen niet worden gebruikt om items te verkopen op het internet in China.

D. Als u verkoopt uw items op het internet, bent u verantwoordelijk voor de Chinese overheid betaalt een vast percentage van uw omzet in de belastingen. Alibaba en Taobao zijn twee succesvolle internet bedrijven die de standaard voor het Chinese internet-bedrijven in te stellen.

E. Het is toegestaan voor uw website worden gehost in landen buiten China. Je bent nog steeds verantwoordelijk, maar voor Chinezen belastingen. Chinese websites moet in de eerste plaats zijn in het Chinees, tenzij uw bedrijf is de verkoop van Engels taal materialen of andere specifieke westerse goederen.

F. Winkels en bedrijven in China die niet beschikken over een goed functionerende website die een betrouwbare inkomstenstroom ontstaat zal zijn in het nadeel bij deze winkels en bedrijven die in staat zijn om succesvolle websites te maken zijn.

ICA en HW 22

Beantwoord de volgende essays:

1 Waarom is het ontwikkelen van een website een uitdaging in China?
2 Wat zijn enkele van de belangrijkste zorgen van de Chinese regering over het internet in China?
3 Hoe moet u de kwestie van de belastingen te behandelen voor uw succesvolle website?
4 Waarom is de taal van uw website een belangrijk punt van zorg?
5 Waarom succesvolle business-websites hebben een voordeel ten opzichte van bedrijven die niet beschikken over een?

Extra Internet Hulpmiddelen voor deze les:

Algemeen Resource

http://www.askmrmovies.com

The Social Network (2010) - Het verhaal van Facebook en Mark Zuckerberg fascinerende

Chinese Web Sites

http://www.alexa.com/topsites/countries/CN

Chinese Belastingen

http://en.wikipedia.org/wiki/Taxation_in_China

Intro van Les Drieëntwintig

   Een van mijn favoriete onderwerpen in de klas is het onderzoek van de kleine bedrijven in China; vooral degenen die te verkopen in vlooienmarkten en in de straten. Geloof het of niet, deze miljoenen bedrijven hebben een veel hoger slagingspercentage dan degenen die een aanvraag voor leningen van de Bank of China. Waarom? Omdat ze veel kleiner en hebben een veel lager risico. Er zijn nog steeds een aanzienlijke hoeveelheid storingen (gemeten op een schaal van drie jaar), maar het slagingspercentage is bijna 30% (of meer dan drie keer dat van de grotere bedrijven). De meeste van deze straatverkopers niet betalen voor de ruimte of huur. Velen hebben zeer weinig kosten buiten hun inventaris. Een van de belangrijkste nadelen evenwel deze straat bedrijven is het gebrek aan differentiatie; kun je honderd andere straatverkopers verkopen exact dezelfde items te vinden. Dit leidt tot ongeveer 70% van hen uiteindelijk het krijgen undersold en gaan van het bedrijfsleven. Een ander belangrijk nadeel is het gebrek aan technische deskundigheid tussen miljoenen deze leveranciers; van wie velen niet over een computer of website.

Les 23 - De verkoop op de straat in China

A. Verkopen op de straten van de Chinese steden is een van de meer winstgevende inspanningen voor veel Chinese zakenmensen. Het risico is lager, er is weinig of geen huur te betalen, de belastingen zijn zelden of nooit betaald, en het slagingspercentage van deze miljoenen kleine bedrijven is ongeveer drie keer hoger dan bankrolled bedrijven in China, die een failure rate van 92% hebben binnen drie jaar volgens de Bank of China lening afdelingen.

B. U moet wonen in de stad die u verkoopt uw straat goederen en worden op uw tafel voor ongeveer twaalf uur per dag. Dit kan een veeleisende en soms ondankbare ervaring zijn wanneer de verkoop traag.

C. Verkopen op de straten van China is zeer veilig en er is zeer weinig diefstal als gevolg van de sociale mores van de overgrote meerderheid van de Chinezen. Onderhandelen, echter een ander balspel helemaal. Bijna elke klant zal onderhandelen voor bijna elk item. Dat is de reden waarom de oorspronkelijke prijs is nooit de prijs van de straatverkoper verwacht te ontvangen. U kunt gemakkelijk overal van 10-20% elk item en tot 50% korting als je een hoop geld uit te geven verwacht.

D. Chinese straatverkopers zijn aan de genade van slecht weer, slechte locatie, en de concurrentie van 100 andere verkopers verkopen dezelfde dingen die ze hebben. Dit biedt de consument met veel munitie voor onderhandelingen. Ondanks deze nadelen, veel straatverkopers maken nog steeds een goede winst aan het eind van de dag.

E. Wanneer een straatverkoper is wijs genoeg om een niche of een beetje van differentiatie hebben, zullen ze veel meer dan de standaard straatverkopers bloeien.

F. Straatverkopers die tech-savvy en hebben een niche zal bijna gegarandeerd om heel veel geld te verdienen. Een lokale website die succesvol zijn in het creëren van een betrouwbare bron van inkomsten in aanvulling op een live locatie met gedifferentieerde producten is een dodelijke combinatie in de vlooienmarkt.

ICA en HW 23

Beantwoord de volgende essays:

1 Hoe straatverkopers in China te vergelijken met andere kleine en middelgrote ondernemingen in China?
2 Waarom moet je woont waar u zaken doet als een straatverkoper in China?
3 Hoe werkt onderhandelingen aangaan van de prijsstelling van goederen die een straatverkoper in China heeft.
4 Waarom is differentiatie een belangrijke factor voor het succes van een Chinese straatverkoper?
5 Hoe technische expertise toevoegen voordeel Chinese straatverkoper?

Extra Internet Hulpmiddelen voor deze les:

Algemeen Resource

http://www.askmrmovies.com

Street Life (2006) - een openhartige blik op migrerende werknemers proberen om geld te verdienen als straatverkopers

Chinese Straatverkopers

-http://triciawang.com/bytes-van china/2011/12/19/street-vendor-leven-in-china.html

Top Chinese Vlooienmarkten

http://www.tour-beijing.com/blog/beijing-travel/top-10-peking-markets/

Intro van Les Vierentwintig

En natuurlijk zijn er de gewone Chinese winkels en warenhuizen. Deze hebben een slagingspercentage een stuk hoger dan grotere bedrijven, maar lager dan de verkopers op straat, omdat ze moeten huur betalen en meestal niet onderscheiden van tientallen andere winkels verkopen dezelfde producten in andere delen van de stad (soms op hetzelfde blok !). Lees voordat je een beslissing om een winkel te openen nadat je bent afgestudeerd aan de universiteit te maken.

Les 24 - De verkoop in winkels in China

A. Er zijn drie hoofdgroepen van winkels in China; winkels op de belangrijkste straten, de winkels aan de kant van de straten en winkels in winkelcentra. Winkels in winkelcentra zijn vrijwel altijd duurder, maar ze zijn een beetje onderscheiden van de meeste andere winkels in de straat. Winkels op de belangrijkste straten zijn bijna altijd duurder dan de winkels aan de zijstraten en hebben meestal goederen die niet zo goed gedifferentieerd. Slaat de zijstraten bijna altijd goedkoper voor de consument, maar ook door een gebrek aan differentiatie in de meeste gevallen.
B. Mall winkels zullen de meeste hebben vaak zeer hoge huren te betalen en moet X bedrag toepast in volume verkoop alleen maar om break-even. Het percentage mislukkingen van deze winkels is meer dan 90% op basis van de Bank of China. Niet meestal optreedt als gevolg van een gebrek aan goede reclame, een gebrek aan differentiatie, en een gebrek aan technische

expertise om een succesvolle website te maken.

C. Winkels gelegen op de belangrijkste straten hebben een beetje hoger slagingspercentage dan het winkelcentrum winkels, maar nog steeds last van dezelfde tekortkomingen die mall winkels hebben. Hun percentage mislukkingen is meer dan 80%.

D. Stores gevestigd in zijstraten lijken een beetje meer succes dan degenen gelegen aan de belangrijkste straat of in de winkelcentra, want Chinezen hebben geleerd door de jaren heen (en buitenlanders) te zijn om te winkelen op de zijstraten naar betere koopjes te krijgen en om geld te besparen (een Chinese nationale tijdverdrijf). Het percentage mislukkingen is hier nog steeds meer dan 70% als gevolg van dezelfde redenen het winkelcentrum en hoofdstraat winkels mislukken.

E. In tegenstelling tot de vlooienmarkten en straatverkopers, winkelcentrum winkels en de belangrijkste straat winkels zelden te onderhandelen met hun goederen. Je zou kunnen krijgen af en toe een korting, maar zullen zij over het algemeen vasthouden aan hun prijzen, omdat ze boven het hoofd hebben meegenomen in de inventarisatie prijzen.

F. Zijstraat winkels zijn veel meer kans om klanten een korting en zijn klaar om te onderhandelen voor vrijwel alles wat ze hebben, behalve voor voedsel.

ICA en HW 24

Beantwoord de volgende essays:

1 Wat de drie belangrijkste soorten van winkels in China en hoe verschillen ze?
2 Wat de voordelen en nadelen van een winkelcentrum op te slaan in China?
3 Wat de voordelen en nadelen van de winkels gelegen aan de belangrijkste straten in China?
4 Wat de voordelen en nadelen van de winkels gelegen aan de kant van de straten in China?
5 Hoe al deze drie soorten winkels verschillen van vlooienmarkten en straatverkopers?

Extra Internet Hulpmiddelen voor deze les:

Algemeen Resource

http://www.askmrmovies.com

A Simple Noodle Story (2009) - Goed inzicht over hoe een inheemse Chinese bedrijf wordt gerund

Chinese Mall Stores

http://www.chinatouristmaps.com/top-10s/shopping-malls.html

Chinese Winkels op Streets (Restaurants)

http://www.simsimhamara.info/chinese-restaurant-business-plannen-waarom-you-need-one/

Epiloog

Ik hoop dat u uw reis door de reclamewereld hebben genoten. Laat niet de angstige aantallen niet stoppen met je uit te proberen je hand op reclame. Beter te hebben geprobeerd en mislukt dan nog nooit geprobeerd op alle. Hetzelfde geldt voor het uitproberen van een eigen bedrijf. Volg uw zaligheid als een groot man zei ooit. Het leven is een lange weg; uitstappen op een van de zijstraten en doen een beetje winkelen voor de lol.

www.ingramcontent.com/pod-product-compliance
Lightning Source LLC
Chambersburg PA
CBHW071727170526
45165CB00005B/2183